KURSBUCH

GESAMTBAND

A1

Pluspunkt Deutsch

von Friederike Jin und Joachim Schote

Cornelsen

Pluspunkt Deutsch A1

Neue Ausgabe
Deutsch als Zweitsprache
Kursbuch
Gesamtband

Symbole
- Hörverstehensübung (Hörtext auf CD)
- Phonetikübung mit CD
- Partnerübung
- Portfolio-Übungen

Im Auftrag des Verlages erarbeitet von Friederike Jin und Joachim Schote

In Zusammenarbeit mit der Redaktion:
Maria Funk und Dagmar Garve (verantwortliche Redakteurinnen), Andrea Mackensen,
Gunther Weimann (Projektleitung)

Redaktionelle Mitarbeit: Dieter Maenner
Bildredaktion: Katharina Hoppe-Brill
Unter besonderer Mitwirkung von: Georg Krüger

Beratende Mitwirkung: Annekatrin Bach (Colmnitz), Jutta Neumann (Duisburg),
Ina Schiffhauer (Berlin), Dr. Vesna Stanicic-Burchards (Norderstedt)

Illustrationen: Matthias Pflügner
Gesamtgestaltung und technische Umsetzung: SOFAROBOTNIK, Augsburg und München

Autoren von Pluspunkt Deutsch · Der Integrationskurs: Georg Krüger und Matthias Merkelbach

www.cornelsen.de

1. Auflage, 1. Druck 2009

Alle Drucke dieser Auflage sind inhaltlich unverändert und können im Unterricht nebeneinander verwendet werden.

Druck: CS-Druck CornelsenStürtz, Berlin

ISBN 978-3-06-024279-5

Inhalt gedruckt auf säurefreiem Papier aus nachhaltiger Forstwirtschaft.

Pluspunkt Deutsch • Neue Ausgabe auf einen Blick

Pluspunkt Deutsch • Neue Ausgabe ist ein Grundstufenlehrwerk für Erwachsene ohne Deutsch-Vorkenntnisse. Es ist besonders geeignet für Lernende mit unterschiedlichen Voraussetzungen und Lernerfahrungen. **Pluspunkt Deutsch • Neue Ausgabe** orientiert sich eng an den Vorgaben des neuen Rahmencurriculums für Integrationskurse und setzt die Kannbeschreibungen des Gemeinsamen europäischen Referenzrahmens konsequent um. Das Lehrwerk führt zum *Zertifikat Deutsch* und bereitet auf den *Deutsch-Test für Zuwanderer* vor.

Das **Kursbuch** enthält sieben Lektionen, zwei fakultative Stationen und einen Anhang.
Jede Lektion beginnt mit einer bilderreichen Auftaktseite, die an den Wortschatz und das Thema heranführt. Es folgen drei Doppelseiten, auf denen der Lernstoff in thematisch abgeschlossenen Blöcken kleinschrittig präsentiert wird. Im Vordergrund stehen Themen des alltäglichen Lebens und ihre sprachliche Bewältigung, wobei die Grundfertigkeiten Sprechen, Hörverstehen, Leseverstehen und Schreiben systematisch und integriert trainiert werden. Die Doppelseite *Alles klar!* bietet Übungen zur aktiven Selbstevaluation. Die abschließende *Gewusst-wie*-Seite fasst die wichtigsten Redemittel und grammatischen Strukturen übersichtlich zusammen. Die fakultativen Stationen bieten auf jeweils einer Doppelseite Möglichkeiten zur spielerischen Wiederholung des Gelernten.
Der Anhang umfasst:
- Phonetikübungen, die den einzelnen Lektionen zugeordnet sind,
- eine systematische Zusammenfassung der Grammatik,
- eine Liste der unregelmäßigen Verben,
- die Hörtexte, die nicht in den Lektionen abgedruckt sind,
- eine alphabetische Wortliste mit den jeweiligen Fundstellen und
- Bildkarten zur Wiederholung und Vertiefung wichtiger Wortfelder.

Die **Audio-CD** enthält alle Hörtexte und Phonetikübungen aus dem Kursbuch.

Das **Arbeitsbuch** mit eingelegter **Lerner-Audio-CD** unterstützt die Arbeit mit dem Kursbuch. Es enthält ein umfangreiches Übungsangebot mit ausgewiesenen Übungen zur Binnendifferenzierung. Auf den *Deutsch-Plus*-Seiten wird das Gelernte vertieft und explizit das Hör- und Leseverstehen trainiert. Die letzte Doppelseite enthält den Lernwortschatz der Lektion sowie ein gezieltes Wortschatztraining mit Lerntipps. In den Stationen können die Lernenden ihren Sprachlernstand selbst überprüfen. Am Ende jeder Niveaustufe finden sich bebilderte Grammatikkarten zur Wiederholung wichtiger Grammatikstrukturen.

Die **Handreichungen für den Unterricht** enthalten Tipps für den Unterricht, Vorschläge für Differenzierungsmaßnahmen sowie Kopiervorlagen und Tests.

Die **Unterrichtshilfe interaktiv** mit Textanalysetool macht Ihre Unterrichtsvorbereitung noch einfacher. Mit verschiedenen Werkzeugen können Sie schnell und einfach eigene Arbeitsblätter erstellen und ein Analysetool hilft Ihnen, eigene Texte an den Lernstand Ihres Kurses anzupassen.

Unter **www.cornelsen.de/pluspunkt-neu** gibt es für die Arbeit mit **Pluspunkt Deutsch • Neue Ausgabe** Zusatzmaterialien, Übungen und didaktische Tipps sowie interessante Links.

Viel Spaß und Erfolg mit **Pluspunkt Deutsch • Neue Ausgabe** wünschen

Autoren und Cornelsen Verlag

Inhalt

Themen und Texte	Rahmencurriculum für Integrationskurse / Gemeinsamer europäischer Referenzrahmen
• Kennenlerngespräche • Beruf • Zahlen bis 20 • Texte: Stellenanzeigen	• Kann Kontakt aufnehmen. • Kann sich und andere vorstellen. • Kann jemanden ansprechen. • Kann die Anredeform klären. • Kann Gespräche und Begegnungen adäquat beenden. • Kann die wichtigsten Informationen von Stellenanzeigen verstehen. • Kann fragen, wie es einer Person geht.
• Länder, Kontinente • Nationalität, Sprachen • im Kursraum • Zahlen ab 20 • Kindergarten • Texte: Visitenkarte	• Kann über seine/ihre Herkunft sprechen. • Kann sich nach Betreuungseinrichtungen erkundigen.
• Wohnung und Einrichtung • Farben • ein Mehrfamilienhaus • Texte: Wohnungsanzeigen	• Kann ausdrücken, inwieweit ihm/ihr etwas gefällt oder missfällt. • Kann aus Werbeanzeigen relevante Informationen entnehmen, z. B. Marken, Preise. • Kann grundlegende einfache Informationen zu Produkten erfragen. • Kann die wichtigsten Abkürzungen in Wohnungsanzeigen verstehen.
• Verwandtschafts-bezeichnungen • Sehenswürdigkeiten • Familien früher • Texte: Radiointerview	• Kann gemeinsame Aktivitäten vereinbaren. • Kann die eigene Familie beschreiben. • Kann über die eigene Freizeit sprechen.
• Freizeitaktivitäten • Tageszeiten, Uhrzeit • Wochentage • Texte: Terminkalender	• Kann ausdrücken, wie er/sie zu einem Vorschlag eines Gesprächspartners steht. • Kann gemeinsame Aktivitäten vereinbaren. • Kann etwas ablehnen. • Kann, auch telefonisch, auf einfache Fragen zu Ort und Zeit Auskunft geben. • Kann dem Fernsehprogramm die wesentlichen Informationen entnehmen. • Kann sagen, was er/sie an einem normalen Tag macht.
• Lebensmittel • Verpackungen • Einkaufssituationen • Texte: Einkaufszettel	• Kann Neigungen ausdrücken. • Kann gut verständlich Zahlenangaben machen, z. B. Preise wiederholen, Größen angeben.
• Berufe • Arbeitsalltag • Bankgeschäfte • Texte: Überweisungsformular	• Kann ein Formular ausfüllen. • Kann um Unterstützung bitten. • Kann wichtige Formulare im Zahlungsverkehr ausfüllen. • Kann einfach und klar wichtige Auskünfte geben, z. B. dass er/sie einen bestimmten Job ausüben möchte. • Kann bei der Bedienung von Automaten die erforderlichen Daten eingeben. • Kann einem Kontoauszug wesentliche Informationen entnehmen.

Inhalt

Themen und Texte	Rahmencurriculum für Integrationskurse / Gemeinsamer europäischer Referenzrahmen
• Arztschilder • Körperteile • Texte: Notrufregeln Entschuldigungs- schreiben	• Kann Auskünfte zur Person bei der Anmeldung beim Arzt geben. • Kann mitteilen, wie es ihm/ihr geht, und beschreiben, was ihm/ihr wehtut. • Kann im Gespräch mit Ärzten relevante Informationen verstehen. • Kann sich mit einfachen Worten krankmelden. • Kann eine kurze schriftliche Entschuldigung bei Krankheit schreiben. • Kann Adressen und Öffnungszeiten von Ärzten erfragen. • Kann telefonisch einen Notruf tätigen und die wichtigsten Informationen nennen.
• Verkehrsmittel • Texte: Infotext	• Kann Hinweisschildern die wichtigsten Informationen entnehmen. • Kann Fahrplänen für ihn/sie relevante Informationen entnehmen.
• Früheres Leben • Urlaub • Texte: Postkarte	• Kann über sich und seine Situation im Herkunftsland sprechen. • Kann eine kurze einfache Postkarte mit Feriengrüßen schreiben. • Kann Feriengrüße auf einer Postkarte verstehen.
• ein Formular ausfüllen • persönliche Informationen • Texte: Formular	• Kann mit einfachen Worten sagen, dass er/sie nicht weiß, wie etwas auf Deutsch heißt. • Kann nachfragen, wenn er/sie etwas nicht verstanden hat. • Kann jemanden bitten, ihm/ihr beim Ausfüllen eines Formulars zu helfen. • Kann am Informationsschalter gezielt Auskünfte erfragen. • Kann sich über Beratungseinrichtungen informieren, z. B. über die Öffnungszeiten, Adresse. • Kann in einem Formular persönliche Daten eintragen.
• Kleidungsstücke und Geschäfte • Texte: Katalog Hinweistafeln	• Kann sagen, wie er/sie alltägliche Dinge findet. • Kann Informationen zu Produkten erfragen (Preis, Größe, Abteilung). • Kann Zahlenangaben machen (Preis, Größe). • Kann das Wesentliche aus Produktinformationen auffinden und entnehmen. • Kann im Internet Bestellungen aufgeben und Bestellformulare ausfüllen.
• die Monate • das Wetter • Texte: Wettervorhersagen Anzeigetafel Reiseprospekt	• Kann am Schalter Informationen (Abfahrtszeiten, Preise) erfragen. • Kann einen Platz reservieren. • Kann nach dem Weg fragen und das Wesentliche einer Wegbeschreibung verstehen. • Kann einen Weg beschreiben. • Kann relevante Abkürzungen in Fahrplänen verstehen.
• Smalltalk • Texte: Einladung formeller Brief	• Kann mit einer Postkarte/E-Mail zu einer Feier einladen. • Kann sich für eine Einladung bedanken und zusagen oder freundlich absagen. • Kann sich nach Betreuungseinrichtungen erkundigen. • Kann die wesentlichen Informationen einer Mitteilung eines Hausbewohners am Schwarzen Brett verstehen (Einladung zum Hoffest). • Kann einfache und kurze Mitteilungen für Mitbewohner verfassen.

Sprache im Kurs

1. Schreiben Sie.

2. Hören Sie.

3. Ergänzen Sie.

4. Kreuzen Sie an.

5. Lesen Sie.

6. Spielen Sie Dialoge.

Sie lernen:

- sich begrüßen
- nach Namen, Herkunft, Beruf fragen
- Zahlen, Buchstaben

1 Willkommen!

1 Ü1 **Wie heißen Sie? Hören und lesen Sie. Stellen Sie sich im Kurs vor.** 1.2

Guten Tag. Mein Name ist Georg Krüger. Wie heißen Sie?

Ich heiße Tamara Subova.

2a Ü2 **Woher kommen Sie? Hören und lesen Sie.** 1.3

Woher kommen Sie?

Ich komme aus Russland.

2b **Fragen und antworten Sie.**

Woher kommen Sie?

Ich komme ...

- aus Russland.
- aus Peru.
- aus der Türkei.
- aus der Ukraine.
- aus dem Iran.
- ...

3 Ü3 **Schreiben Sie eine Namenskarte und stellen Sie sich im Kurs vor.**

A Guten Tag

1a Hören Sie den Dialog. 1.4

Ü4

Ahmet Usta: Guten Morgen. Ich bin neu hier im Haus. Ich heiße Ahmet Usta.
Sergej Brodsky: Entschuldigung, wie heißen Sie?
Ahmet Usta: Mein Name ist Ahmet Usta.
Sergej Brodsky: Ich bin Sergej Brodsky. Ich wohne schon lange hier.

1b Hören Sie noch einmal und lesen Sie. 1.4

1c Fragen und antworten Sie.

Ich bin neu hier in München. Ich heiße ...

Entschuldigung, wie heißen Sie? Mein Name ist ...

2a Ergänzen Sie.

Ü5–7

Wer ist das?

Das ist Elena Brodsky.

Wer ist das?

Wer ist das?

2b Spielen Sie im Kurs.

3a Hören Sie die Dialoge und ordnen Sie die Fotos zu. 1.5

A

B

C

D

1 B

- Guten Tag, Frau Huber!
- Guten Tag, Frau Lindner. Wie geht es Ihnen?
- Danke, gut und Ihnen?
- Danke, es geht.

2 ◯

- Hallo, Martin.
- Hallo, Tom! Wie geht es dir?

3 ◯

- Hallo! Wie heißt du?
- Mahmut. Wer bist du?
- Ich bin Laura.

4 ◯

- Guten Tag. Wie heißen Sie?
- Ich heiße Anna Blank. Und Sie?
- Ich bin Peter Müller.

5 ◯

- Auf Wiedersehen, Herr Müller.
- Auf Wiedersehen, Frau Blank. Bis bald.

6 ◯

- Tschüss, Laura.
- Tschüss, Mahmut.

3b Lesen Sie die Dialoge im Kurs und entscheiden Sie: formell oder informell?

Ü8–11

4 Hören Sie und kreuzen Sie an: Welche Antwort passt? 1.6

Ü12+13

1. ◯ Hallo, Tim. Wie geht es dir?
   ◯ Auf Wiedersehen, Herr Meier.
2. ◯ Guten Tag, Herr Schneider.
   ◯ Tschüss, Alexander. Bis später.
3. ◯ Danke, gut und Ihnen?
   ◯ Danke, gut und dir?
4. ◯ Ich heiße Lina Kraus und Sie?
   ◯ Ich heiße Maria und du?
5. ◯ Tschüss, Klaus. Bis morgen.
   ◯ Auf Wiedersehen, Herr Schneider.
6. ◯ Ich bin Anita. Wie heißt du?
   ◯ Ich bin Peter Meier und wie heißen Sie?

5 Fragen und antworten Sie im Kurs.

B Was machst du?

1a Ü14

Hören Sie die Dialoge und ordnen Sie die Bilder zu. 1.7

1. ◖ Was machst du?
   ◖ Ich lerne Deutsch.
2. ◖ Was macht ihr?
   ◖ Wir machen Hausaufgaben.
3. ◖ Wie heißen Sie?
   ◖ Ich heiße Katrin Fink.
4. ◖ Woher kommen Sie?
   ◖ Wir kommen aus Norwegen.

1b

Lesen Sie die Dialoge noch einmal und markieren Sie die Endungen beim Verb.

2a Ü15–17

Ergänzen Sie.

1. ◖ Woher komm *en* Sie? ◖ Ich komm *e* aus Spanien.
2. ◖ Was mach ___ du? ◖ Ich mach ___ Hausaufgaben.
3. ◖ Wo wohn ___ ihr? ◖ Wir wohn ___ in Hamburg.
4. ◖ Wie heiß ___ Sie? ◖ Ich heiß ___ Müller.

!

	lernen	heißen
ich	lern**e**	heiß**e**
du	lern**st**	heiß**t**
wir	lern**en**	heiß**en**
ihr	lern**t**	heiß**t**
Sie	lern**en**	heiß**en**

2b Ü18+19

Ergänzen Sie das Verb *sein*.

1. Ich ________ Maria. Wer ________ du?
2. Wir ________ Peter und Monika. Wer ________ ihr?

!

	sein		
ich	bin	wir	sind
du	bist	ihr	seid
		Sie	sind

3 Ü20

Fragen und antworten Sie im Kurs.

1. Wie heißen Sie?
2. Woher ...
3. Wo ...
4. Was ...
5. Wie ...

C Buchstaben

1 Hören Sie das Alphabet und sprechen Sie die Buchstaben nach. 1.8

Ü21

Aa Bb Cc Dd Ee Ff Gg Hh

Ii Jj Kk Ll Mm Nn Oo Pp

Qq Rr Ss Tt Uu Vv Ww Xx

Yy Zz Ää Öö Üü ß

2 Hören Sie und notieren Sie die Buchstaben. 1.9

Ü22

1. A	3. ___	5. ___	7. ___	9. ___	11. ___
2. ___	4. ___	6. ___	8. ___	10. ___	12. ___

3 Hören Sie und notieren Sie die Namen. 1.10

Ü23

- Wie heißen Sie?
- Joachim Schote.
- Wie bitte? Wie schreibt man das?
- Moment, ich buchstabiere:

1. J O A C H I M S C H O T E
2. ___
3. ___
4. ___

4 Fragen und antworten Sie im Kurs.

D Zahlen bis 20

1 Zahlen bis 20. Hören Sie und sprechen Sie die Zahlen nach. 1.11

Ü24

0 null

1 eins	6 sechs	11 elf	16 sechzehn
2 zwei	7 sieben	12 zwölf	17 siebzehn
3 drei	8 acht	13 dreizehn	18 achtzehn
4 vier	9 neun	14 vierzehn	19 neunzehn
5 fünf	10 zehn	15 fünfzehn	20 zwanzig

2 Wie heißen die Hausnummern? Schreiben Sie die Zahlen.

Ü25

neunzehn ___ ___ ___ ___

3 Autokennzeichen. Hören Sie und notieren Sie. Hören Sie noch einmal und schreiben Sie die Zahlen. 1.12

1. D HH FK 6341
sechs drei vier eins
2. D ___
3. D ___
4. D ___
5. ___
6. A ___

4 Wie viel ist ...? Fragen und antworten Sie im Kurs.

+ plus
– minus
= ist gleich

E Was sind Sie von Beruf?

1 Welcher Beruf ist das? Ordnen Sie zu.

Ü26+27

1. Taxifahrer
2. Ärztin
3. Sekretärin
4. Verkäufer
5. Bauarbeiter
6. Lehrerin

2 Hören Sie und kreuzen Sie an: Welche Antwort ist richtig? 1.13

Ü28

- Was sind Sie von Beruf?
- O Ich bin Friseurin.
- O Ich bin Sekretärin.

- Was bist du von Beruf?
- O Ich bin Taxifahrer.
- O Ich bin Koch.

3 Fragen und antworten Sie im Kurs. Sammeln Sie gemeinsam Berufe.

Ü29

Name	*Beruf*
Alla	*Hausfrau*
Mehmed	*Tischler*
John	*Verkäufer*
Nina	*Studentin*

4 Lesen Sie die Anzeigen und ergänzen Sie die Tabelle.

1
Wir suchen:
Friseur/in
Friseursalon Hartmann
03379 / 51 43 79

2
Pizzeria Romana
sucht
Koch/Köchin
Tel. 0531 / 436 12

3
Wir suchen:
Taxifahrer/in
TAXI RODEN
Tel. 040 / 821 79 21

	Anzeige 1	Anzeige 2	Anzeige 3
Beruf	*Friseur/in*		
Firma			
Telefon			

1 Alles klar!

Kommunikation

1a Fragen und Antworten. Verbinden Sie. Kontrollieren Sie dann mit der CD. 1.14

Wie heißen Sie? **1**	**A** Ich bin Friseurin.
Woher kommen Sie? **2**	**B** Ich heiße Sarafina Diop.
Was sind Sie von Beruf? **3**	**C** Ich komme aus Togo.

1b Und Sie? Antworten Sie auf die Fragen in 1a.

Ich heiße

2 Formell oder informell? Ordnen Sie die Sätze.

Woher kommen Sie? – ~~Wo wohnen Sie?~~ – Wie heißt ihr? – Was sind Sie von Beruf? – ~~Wo wohnst du?~~ – Wer bist du?

formell	informell
Wo wohnen Sie?	*Wo wohnst du?*

Wortschatz

3 Wie heißen die Städte? Hören Sie und schreiben Sie. 1.15

1. *F R A N K F U R T*
2.
3.
4.
5.
6.

4 Schreiben Sie die Zahlen.

2	*zwei*	6		12		18	
4		10		15		14	

5 Welche Berufe kennen Sie? Schreiben Sie.

1. Koch ____ Köchin ____
2. ____ ____
3. ____ ____
4. ____ ____
5. ____ ____

Grammatik

6 Ergänzen Sie die Tabelle.

	lernen	wohnen	kommen	heißen	sein
ich					
du					
wir					
ihr					
Sie					

7 Ergänzen Sie die Verben.

bin – ~~heiße~~ – sind – wohne – lerne – bin – wohnen – heiße – wohnt

1. Ich heiße Maria. Ich ____ neu hier und ich ____ Deutsch.
2. Ich ____ Ilia Iwanow. Ich ____ in Frankfurt.
3. Was ____ Sie von Beruf? Ich ____ Lehrerin.
4. Wo ____ ihr? Wir ____ in Berlin.

Flüssig sprechen

8 Hören Sie zu und sprechen Sie nach. 1.16

1 Gewusst wie

Kommunikation

Sich begrüßen

- Guten Morgen. / Guten Tag.
- Wie geht es Ihnen?
- Danke, gut. Und Ihnen?

- Hallo, wie geht es dir?
- Danke, gut. Und dir?

Sich verabschieden

- Auf Wiedersehen!
- Tschüss!

Sich vorstellen

- Wie heißen Sie? / Wie heißt du?
- Ich heiße ...

- Entschuldigung, wie heißen Sie? / Entschuldigung, wie heißt du?

- Woher kommen Sie? / Woher kommst du?
- Ich komme aus ...

- Wo wohnen Sie? / Wo wohnst du?
- Ich wohne in ...

- Was sind Sie von Beruf? / Was bist du von Beruf?
- Ich bin ...

Grammatik

Verben im Präsens

	fragen	**heißen**
ich	frag**e**	heiß**e**
du	frag**st**	heiß**t**
wir	frag**en**	heiß**en**
ihr	frag**t**	heiß**t**
Sie	frag**en**	heiß**en**

Das Verb *sein*

	sein
ich	bin
du	bist
wir	sind
ihr	seid
Sie	sind

Berufe

Friseur	Friseur**in**
Taxifahrer	Taxifahrer**in**
Verkäufer	Verkäufer**in**
Koch	Köch**in**
Arzt	Ärzt**in**

Sie lernen:
- *über Länder und Kontinente sprechen*
- *W-Fragen*
- *persönliche Informationen geben*
- *Zahlen ab 20*
- *den bestimmten und unbestimmten Artikel*
- *Singular und Plural*
- *Personalpronomen*

2 Alte Heimat, neue Heimat

1 Ü1 **Welches Foto passt zu welchem Kontinent? Ordnen Sie zu.**

Afrika:	Foto ___	Australien:	Foto ___	Nordamerika:	Foto ___
Asien:	Foto ___	Europa:	Foto ___	Südamerika:	Foto ___

2a Ü2 **Wo liegt ...? Fragen und antworten Sie.**

Wo liegt Deutschland?

Deutschland liegt in Europa.

Wo liegt China?

... China? ... Japan? ... Peru? ... Kenia? ... Ägypten? ... Spanien? ...

2b **Und woher kommen Sie?**

Ich komme aus Ungarn. Ungarn liegt in Europa.

i

Ich komme **aus** Russland, **aus** Spanien, **aus** Italien, ...
Ich komme **aus der** Türkei, **aus der** Ukraine, **aus dem** Iran, ...

A Nationalität und Sprache

1a Woher kommen Rosa, Jeannette, Chan, Kemal und Wojtek? Hören Sie. 1.17

1b Lesen Sie die Texte und kreuzen Sie an: richtig oder falsch?

Ich komme aus Mexiko und spreche Spanisch. Aber jetzt spreche ich auch ein bisschen Deutsch.

Ich bin Französin und komme aus Paris. Ich bleibe ein Jahr in Deutschland und lerne Deutsch.

Ich bin neu in Deutschland und komme aus China. Ich spreche Deutsch und Chinesisch und arbeite in Frankfurt.

Ich komme aus der Türkei. Meine Muttersprache ist Türkisch. Ich bin neu in Deutschland und lerne jetzt Deutsch. Ich spreche auch Englisch.

Ich heiße Wojtek. Ich bin Pole. Vielleicht finde ich Arbeit in Deutschland und bleibe hier.

	R	F
1. Rosa kommt aus Spanien.	○	⊠
2. Jeannette kommt aus Paris.	○	○
3. Chan spricht Deutsch.	○	○
4. Kemal wohnt schon lange in Deutschland.	○	○
5. Wojtek arbeitet in Deutschland.	○	○

Das ist richtig.

Das ist falsch.

1c Ergänzen Sie die Tabelle.

	Rosa	Jeannette	Chan	Kemal	Wojtek
Land		*Frankreich*			*Polen*
Nationalität	*Mexikanerin*		*Chinese*	*Türke*	
Sprache/n		*Französisch*			*Polnisch*

2a Ergänzen Sie.
Ü3

1 

2 

3 

!
Marisa → sie
Olaf → er
Marisa & Olaf (Pl.) → sie

1. Marisa, Olaf und Sunicha sind neu in Deutschland. *Sie* wohnen in München. ___ lernen Deutsch in einer Sprachschule.
2. Das ist Marisa. *Sie* kommt aus Brasilien. ___ ist Brasilianerin und ___ spricht Portugiesisch.
3. Olaf kommt aus Schweden. *Er* ist Schwede. ___ spricht Schwedisch.
4. Sunicha kommt aus Thailand. ___ ist Thailänderin. ___ spricht Thailändisch und ein bisschen Deutsch.

2b Chan aus China. Ergänzen Sie den Text.
Ü4

Das ist Chan. Er ___ aus China. Chan ___ Chinese. Er ___ in Frankfurt.

!

	kommen	arbeiten	sein
er/sie	komm**t**	arbeit**et**	ist
sie (Pl.)	komm**en**	arbeit**en**	sind

3a Nationalitäten und Sprachen im Kurs. Machen Sie eine Liste.

NAME	LAND	NATIONALITÄT	SPRACHE
Gül	Türkei	Türkin	Türkisch
Pawel	Polen	Pole	Polnisch
...			

Woher kommst du?
Was ist deine Nationalität?
Wie heißen Sie?
Welche Sprachen sprechen Sie?

3b Stellen Sie Ihren Partner oder Ihre Partnerin vor.
Ü5

Das ist Gül. *Sie kommt aus der Türkei.* *Sie ist ...* *Sie spricht ...*

!

	sprechen
ich	spreche
du	spr**i**chst
er/sie	spr**i**cht

4 Ein Würfelspiel mit Verben. Würfeln Sie und sagen Sie das Verb in der richtigen Form.
Ü6+7

⚀ ich ⚁ du ⚂ er/sie ⚃ wir ⚄ ihr ⚅ sie/Sie

arbeiten – kommen – lernen – machen – sein – heißen – wohnen

B Unser Deutschkurs

1a Ü8

Was gibt es auf dem Bild? Hören Sie die Wörter und sprechen Sie nach. 1.18

m = der
n = das
f = die

A. O das Papier
B. O der Radiergummi
C. O die Brille
D. O das Buch
E. O das Heft
F. O der Stuhl
G. O der Kugelschreiber
H. O die Lampe
I. O die Tasche
J. O der Tisch
K. O das Lineal
L. O die Tafel

1b

Hören Sie und kreuzen Sie in 1a an: Welche Wörter hören Sie? 1.19

1c

Buchstabieren Sie.

Wie heißt A) auf Deutsch?

Papier.

Wie schreibt man das?

P A P I E R

2a

Markieren Sie den unbestimmten und bestimmten Artikel wie im Beispiel.

Das ist **ein** Radiergummi.
Der Radiergummi kostet 2 €.

Das ist ein Buch.
Das Buch kostet 10 €.

Das ist eine Tasche.
Die Tasche kostet 15 €.

€ = Euro

2b

Ergänzen Sie den unbestimmten Artikel.

der Stuhl *ein* Stuhl die Lampe ___ Lampe das Heft ___ Heft

2c Ü9

Fragen und antworten Sie im Kurs.

3a Singular und Plural. Markieren Sie die Endungen.

die Tasche | die Taschen | der Bleistift | die Bleistifte | das Buch | die Bücher

In der Wortliste finden Sie die Pluralformen so:

Pluralendung	Umlaut + Pluralendung	keine Endung im Plural
die Tasche, **-n**	das Buch, **"-er**	das Fenster, -
(= die Tasche**n**)	(= die B**ü**ch**er**)	(= die Fenster)

3b Suchen Sie den Plural in der Wortliste ab Seite 203.

Ü10+11

der Stuhl – die ______

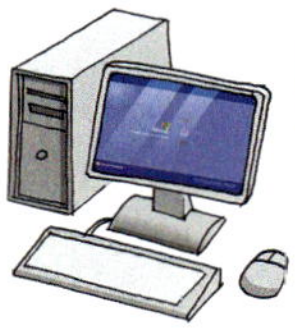

der Computer – die ______

der Tisch – die ______

das Kind – die ______

das Auto – die ______

die Uhr – die ______

3c Artikel im Plural. Schreiben Sie Sätze wie im Beispiel.

1. *Das ist ein Stuhl. Das sind Stühle.*
2. ______
3. ______
4. ______

!

Artikel

m → der / ein
n → das / ein
f → die / eine
Pl. → die / –

4 Wie viele ... sind im Kursraum? Fragen und antworten Sie im Kurs.

Ü12

Wie viele Stühle sind im Kursraum?

Im Kursraum sind zwanzig Stühle.

Wie viele ... ?

C Zahlen, Zahlen, Zahlen

1 Zahlen bis 100. Hören Sie und lesen Sie dann laut. 1.20

Ü13

20	zwanzig	30	dreißig	80	achtzig
21	einundzwanzig	40	vierzig	90	neunzig
22	zweiundzwanzig	50	fünfzig	100	hundert/ einhundert
23	dreiundzwanzig	60	sechzig		
...		70	siebzig		

2 Schreiben Sie die Zahlen in Ihr Heft und lesen Sie laut.

Ü14+15

45 – fünfundvierzig

3 Hören Sie und notieren Sie die Telefonnummern. 1.21

Ü16+17

Thomas:		Matteo:		Tamara:	
Birte:		Herr Mai:		Sandra:	

4a Beim Berlin-Marathon. Schreiben Sie die Zahlen.

Ü18

1. *696* sechshundertsechsundneunzig
2. ____ zweihundertfünfundvierzig
3. ____ dreihundertzweiundsiebzig
4. ____ vierhundertdreiundachtzig
5. ____ achthundertvierundzwanzig
6. ____ siebenhundertsiebzehn
7. ____ fünfhundertachtunddreißig
8. ____ einhundertelf

i Zahlen ab 100

101	(ein)hunderteins
102	(ein)hundertzwei
...	
110	(ein)hundertzehn
120	(ein)hundertzwanzig
...	
200	zweihundert
...	
1000	(ein)tausend

4b Hören Sie die Zahlen und sprechen Sie nach. 1.22

D Wie ist Ihre Adresse?

1 Eine Visitenkarte verstehen. Ordnen Sie zu.

Ü19

1. die Straße
2. die Vorwahl
3. die Telefonnummer
4. die Postleitzahl
5. die Hausnummer

2a Hören und lesen Sie. Notieren Sie die Angaben auf dem Notizzettel. 1.23

Ü20+21

Patrizia Hesse: Kita Immergrün, Patrizia Hesse.
Thomas Kuhn: Guten Tag, hier spricht Thomas Kuhn. Mein Sohn Robert ist drei Jahre alt. Wir suchen eine Kita. Haben Sie noch Plätze frei?
Patrizia Hesse: Wie ist Ihr Name und Ihre Adresse?
Thomas Kuhn: Thomas Kuhn, Naumannstraße 11 in Berlin. Die Postleitzahl ist 10829.
Patrizia Hesse: Und die Telefonnummer?
Thomas Kuhn: Die Telefonnummer ist 612 45 07.
Patrizia Hesse: Gut. Wir schicken Ihnen ein Anmeldeformular.
Thomas Kuhn: Vielen Dank und auf Wiederhören!
Patrizia Hesse: Auf Wiederhören!

Name: *Thomas Kuhn*
Adresse: ______________
____
Telefonnummer: ______________

2b Beantworten Sie die Fragen.

1. Wie alt ist Robert?
2. Wie ist die Hausnummer von Familie Kuhn?
3. Wie ist die Postleitzahl?

3 Fragen und antworten Sie.

Ü22

- Wie heißen Sie?
- Wo wohnen Sie?
- Wie ist Ihre Adresse?
- Welche Sprachen sprechen Sie?
- Wie ist Ihre Telefonnummer?

- Wie heißt du?
- Wo wohnst du?
- Wie ist deine Adresse?
- Welche Sprachen sprichst du?
- Wie ist deine Telefonnummer?

2 Alles klar!

Kommunikation

1 Ergänzen Sie die Fragewörter.

Woher – Was – Wo – Wie – Wie

1. ________ wohnen Sie?
2. ________ kommen Sie?
3. ________ ist Ihre Adresse?
4. ________ ist Ihre Telefonnummer?
5. ________ sind Sie von Beruf?

2a Hören Sie das Interview und ergänzen Sie das Formular. 1.24

Name: *Linda Mankell*
Adresse: *Kantstraße*
Berlin
Heimatland: ________
Muttersprache: ________
Alter: ________
Beruf: ________

2b Ergänzen Sie Ihre eigenen Daten und berichten Sie.

Name: ________
Adresse: ________
____
Heimatland: ________
Muttersprache: ________
Alter: ________
Beruf: ________

Ich heiße ...
Ich wohne ...

3 Fragen und antworten Sie im Kurs.

1 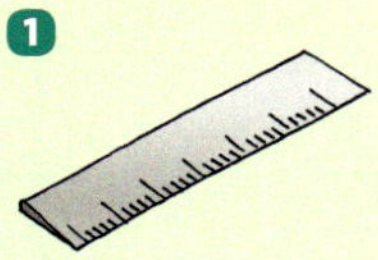
2 
3 
4 
5 

- Was ist Nummer eins?
- Das ist ein ...

- Wie buchstabiert man das?
- L I ...

- Wie heißt der Plural?
- Die ...

Wortschatz

4 Was gehört zusammen? Ordnen Sie zu.

Name **1** o	o **A** 46 37 25 45
Straße **2** o	o **B** Berlin: 030
Telefonnummer **3** o	o **C** Peter Müller
Postleitzahl **4** o	o **D** Erich-Mühsam-Straße 66
Vorwahl **5** o	o **E** 14197

5 Wie geht die Zahlenreihe weiter? Lesen Sie laut vor.

1. 15 – 20 – 25 – 30 – 35 – ____ – ____ – ____ – ____ – ____ – ____
2. 101 – 99 – 97 – 95 – 93 – ____ – ____ – ____ – ____ – ____ – ____
3. 123 – 122 – 120 – 117 – ____ – ____ – ____ – ____ – ____ – ____

Grammatik

6 Ergänzen Sie die Tabelle.

	bestimmter Artikel	unbestimmter Artikel	Plural
m (maskulin)	Kontinent		
n (neutral)			Länder
f (feminin)		Sprache	

7 Schreiben Sie Fragen.

1. ist – wie – Ihre – Adresse?

____

2. kommen – Sie – woher?

____

3. Sie – welche Sprachen – sprechen?

____

Flüssig sprechen

8 Hören Sie zu und sprechen Sie nach. 1.25

2 Gewusst wie

Kommunikation

Adresse/Telefonnummer

- Wie ist Ihre/deine Adresse?
- Ich wohne in der Schillerstraße 18 in ...
  Die Postleitzahl ist ...
- Wie ist Ihre/deine Telefonnummer?
- Meine Telefonnummer ist ...

Muttersprache/Nationalität

- Welche Sprachen sprechen Sie / sprichst du?
- Ich spreche ...
- Was ist Ihre / deine Nationalität?
- Ich bin ...

Jemanden vorstellen

- Das ist Boris. Er kommt aus Russland. Boris ist Russe. Er arbeitet in Frankfurt.

Grammatik

Nomen und Artikel

	bestimmter Artikel	unbestimmter Artikel
m (maskulin)	**der** Mann	**ein** Mann
n (neutral)	**das** Kind	**ein** Kind
f (feminin)	**die** Frau	**eine** Frau
Pl. (Plural)	**die** Stühle	– Stühle

Das ist **ein** Stuhl.

Der Stuhl ist klein.

Singular und Plural

	Singular	Plural
-**e**	der Tisch	die Tisch**e**
-**en**	die Zahl	die Zahl**en**
-**n**	die Tasche	die Tasche**n**
-	der Computer	die Computer
-**er**	das Kind	die Kind**er**
-**s**	das Auto	die Auto**s**
-**nen**	die Lehrerin	die Lehrerin**nen**
mit Umlaut + Endung	der Stuhl das Haus	die St**ü**hl**e** die H**ä**us**er**

Verben im Präsens

	kommen	arbeiten	sein
ich	komm**e**	arbeit**e**	bin
du	komm**st**	arbeit**est**	bist
er/sie	komm**t**	arbeit**et**	ist
wir	komm**en**	arbeit**en**	sind
ihr	komm**t**	arbeit**et**	seid
sie/Sie	komm**en**	arbeit**en**	sind

W-Fragen und Antworten

Wie	heißen	Sie?
Ich	heiße	Christine Schmidt.
Wo	wohnen	Sie?
Ich	wohne	in München.
Was	sind	Sie von Beruf?
Ich	bin	Lehrerin.

Sie lernen:

- Häuser und Wohnungen beschreiben
- Wohnungsanzeigen verstehen
- Akkusativ
- Adjektive
- Negation mit „kein“
- Ja/Nein-Fragen

3 Meine Wohnung

1a Möbel. Welche Wörter kennen Sie? Ordnen Sie zu.

___ die Spüle
___ das Bett
___ der Fernseher
___ der Schrank
___ die Kommode
___ das Sofa
___ das Bild
___ der Kühlschrank
___ der Sessel
___ das Regal
___ der Herd
___ der Teppich

1b Welche Wörter kennen Sie nicht? Suchen Sie im Wörterbuch.

1c Ergänzen Sie die Tabelle. Welche Möbel sind in den Zimmern?

Ü1

die Küche	das Wohnzimmer	das Schlafzimmer
	das Sofa	

2 Sprechen Sie über die Wohnung. Wie sind die Möbel?

Ü2+3

alt modern groß neu schön hässlich klein

Da ist ein Bett. Es ist schön.

Da ist ein Schrank. Er ist groß.

Da ist eine Kommode. Sie ist klein.

Da sind Lampen. Sie sind modern.

!

der → er
das → es
die → sie
die (Pl.) → sie

A Das ist kein Sofa

1a Eine neue Wohnung. Was fehlt hier? Ergänzen Sie die Sätze.

Ü4+5

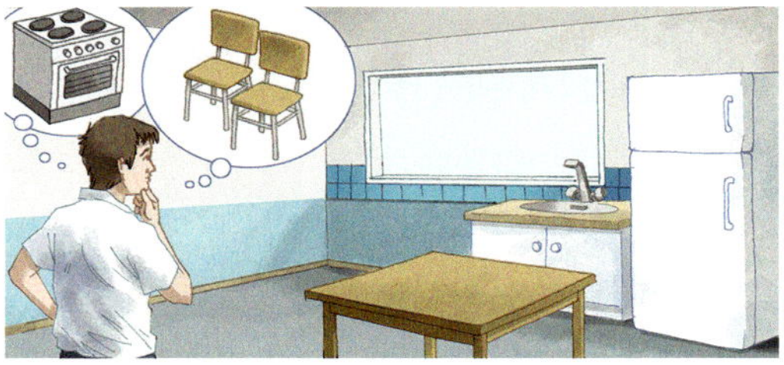

Im Wohnzimmer ist kein Sofa und keine ______________ . In der Küche ist ein Tisch, aber da sind keine Stühle. Da ist kein ______________ .

!

ein Herd	→	kein Herd
ein Sofa	→	kein Sofa
eine Kommode	→	keine Kommode
– Stühle	→	keine Stühle

1b Was fehlt noch? Sammeln Sie weitere Gegenstände.

Da sind keine Blumen.

Da ist …

2a Ist das eine Lampe? Hören Sie und lesen Sie dann laut. 1.26

Ü6

!

Ja/Nein-Fragen

	Ist	das eine Lampe?
Ja, das	ist	eine Lampe.
Nein, das	ist	keine Lampe.

2b Was ist das? Ergänzen Sie die Sätze.

Ü7

1 

2 

3 

4 

1. Ist das ein Sofa? – *Nein, das ist kein Sofa. Das ist ein Bett.*
2. Ist das ein Tisch? – *Nein, das* ______________
3. Ist das ein Waschbecken? – *Ja, das* ______________
4. Sind das Bilder? – ______________

B Was brauchen wir?

1a Kreuzen Sie an: Was hören Sie? 1.27

O die Stühle O der Tisch O das Regal O die Spülmaschine O der Teppich

1b Hören Sie das Gespräch noch einmal. Kreuzen Sie an: richtig oder falsch? 1.27

Ü8+9

	R	F
1. Familie Usta hat kein Regal.	☒	O
2. Familie Usta braucht einen Teppich.	O	O
3. Familie Usta braucht eine Spülmaschine.	O	O
4. Familie Usta braucht Stühle.	O	O

!

Nominativ	Akkusativ
ein/kein Teppich	**einen/keinen** Teppich
ein/kein Regal	ein/kein Regal
eine/keine Spülmaschine	eine/keine Spülmaschine
- /keine Stühle	- /keine Stühle

2 Schreiben Sie Sätze. Es gibt mehrere Möglichkeiten.

Ü10-13

ich		einen	Fernseher
du		keinen	Schreibtisch
er	haben	eine	Waschmaschine
sie	brauchen	keine	Mikrowelle
wir	kaufen	–	Handy
ihr		kein	Stühle
sie		ein	
Sie			

!

haben

ich habe	wir haben
du hast	ihr habt
er/es/sie hat	sie/Sie haben

Ich kaufe einen Fernseher.
Du hast keinen Schreibtisch.
Wir haben ...
Sie brauchen ...

3 Ihre Wohnung. Fragen und antworten Sie.

Ü14

Hast du einen Fernseher?

Nein, ich habe keinen Fernseher.

Ja, ich habe einen Fernseher.

C Farben und Adjektive

1 Beschreiben Sie das Zimmer.

Ü15

2 Was ist Ihre Lieblingsfarbe?

Meine Lieblingsfarbe ist ...

blau	*rosa*	*schwarz*	*gelb*	*rot*
grün	*weiß*	*lila*	*braun*	*grau*

3 Wie finden Sie das Zimmer? Fragen und antworten Sie.

Ü16-20

Wie findest du den Schrank?

Ich finde den Schrank hässlich.

Aber die Lampe ist schön.

 sehr schön – toll – schön – super – gemütlich

 ganz schön – nicht schlecht – okay

 langweilig – nicht schön – hässlich – furchtbar

Nominativ	**Akkusativ**
der Schrank	**den** Schrank
die Lampe	die Lampe
das Regal	das Regal
die Stühle	die Stühle

D Hier wohnt ...

1 Lesen Sie den Text und ergänzen Sie die Sätze.

Ü21

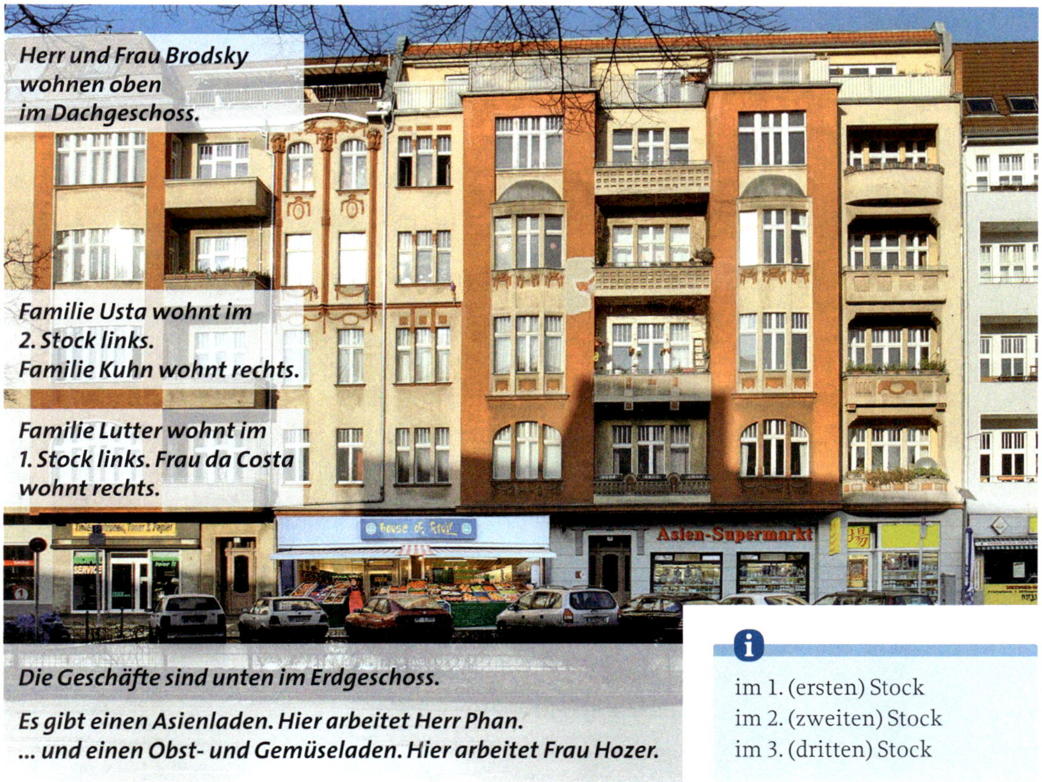

im 1. (ersten) Stock
im 2. (zweiten) Stock
im 3. (dritten) Stock

Herr und Frau Brodsky wohnen ____________________.

Familie Usta wohnt ____________________.

Familie Kuhn wohnt ____________________.

Die Geschäfte sind ____________________.

2 Wer arbeitet wo? Fragen und antworten Sie im Kurs.

Ü22

Wer wohnt im Dachgeschoss?

Herr und Frau Brodsky wohnen im Dachgeschoss.

Wo ist ein Obst- und Gemüseladen?

Wer arbeitet im Asienladen?

3 Wo wohnen Sie? Fragen und antworten Sie im Kurs.

Wo wohnen Sie?

Ich wohne im ...

Und Sie?

E So wohnen wir

1a Hören und lesen Sie die Texte. 1.28

Ü23

Familie Kramer, 3 Kinder
Wir haben eine 4-Zimmerwohnung in einem Hochhaus in Köln im dritten Stock. Die Wohnung ist 100 qm groß und hat einen Balkon. Wir bezahlen 800 Euro Warmmiete. Jetzt suchen wir ein Haus mit Garten. Wir haben drei Kinder und sie brauchen Platz.

Herr und Frau Sundell
Wir haben ein Reihenhaus in Wunstorf, das ist in der Nähe von Hannover. Wir haben viel Platz: Das Haus hat zwei Stockwerke, es ist 120 qm groß und hat fünf Zimmer. Wir haben zwei Kinder. Sie wohnen jetzt in Mannheim und in Kassel. Wir suchen eine Wohnung in Hannover. Drei Zimmer sind genug.

Familie Fahl
Wir wohnen in Steinbach in der Nähe von Wien und sind neu hier. Das Haus ist 225 qm groß und hat acht Zimmer. Der Garten und die Terrasse sind sehr groß und schön, die Straße ist sehr ruhig. Wir haben vier Kinder und sie finden hier viele Freunde. Wir bleiben jetzt immer hier.

1b Ergänzen Sie die Tabelle.

Ü24

	Familie Kramer	Herr und Frau Sundell	Familie Fahl
Wohnort	*Köln*		
Kinder			
Zimmer			
qm			

2 Familie Kramer und Familie Sundell suchen eine Wohnung. Welche Anzeige passt zu den Familien? Schreiben Sie.

A
3 Zi, Hannover-Südstadt,
NB, 88 qm, EG, Kü, Bad, viel Sonne,
600 Euro + 110 Euro NK

B
EFH in Köln-Hoven
mit Garten, 158 qm, ruhig,
Miete 930 Euro + 100 Euro NK

3 Ordnen Sie die Abkürzungen zu.

Ü25+26

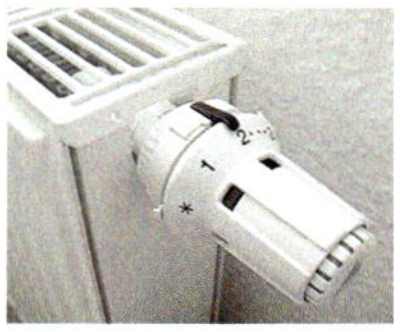

die Zentralheizung

die Einbauküche

1. OG	1	A	Erdgeschoss
EFH	2	B	Küche
2 Zi.	3	C	Nebenkosten
EG	4	D	1. Obergeschoss
Kü.	5	E	Einfamilienhaus
NK	6	F	zwei Zimmer
DG	7	G	Zentralheizung
BLK	8	H	Einbauküche
ZH	9	I	Dachgeschoss
EBK	10	J	Balkon
Whg.	11	K	Quadratmeter
qm	12	L	Wohnung

Nebenkosten

4a Wie ist die Wohnung? Ordnen Sie die Gegenteile zu.

klein – ruhig – warm – hell

1 kalt – __________

2 groß – __________

3 dunkel – __________

4 laut – __________

4b Meine Wohnung. Ergänzen Sie die Lücken.

groß – billig – 3. Stock – Zimmer – hell

Meine Wohnung ist __________, sie kostet 300 Euro Miete. Sie ist 50 qm __________ und sehr __________. Sie hat zwei __________: ein Wohnzimmer, ein Schlafzimmer, eine Küche und ein Bad. Ich wohne im __________.

4c Wie ist Ihre Wohnung? Berichten Sie.

Meine Wohnung ist ruhig.

Das Schlafzimmer ist klein.

3 Alles klar!

Kommunikation

1 Wie finden Sie die Möbel? Fragen und antworten Sie im Kurs.

2 Schreiben Sie Texte.

Wohnung 1: 2 Zimmer, 50 qm, DG, ruhig, Miete: 600 €

Die Wohnung hat zwei Zimmer. Sie ist 50 Quadratmeter groß und

____

Wohnung 2: 4 Zimmer, EG, 108 qm, hell, Miete: 950 €

____

____

Meine Wohnung:

____

____

Wortschatz

3 Welche Farbe hat ... ? Schreiben Sie.

1 

2 

3 

4 

1. Das Buch ist gelb.
2. ______________
3. ______________
4. ______________

4 Wie heißt das Gegenteil? Ergänzen Sie.

1. groß – klein
2. schön – ______
3. alt – ______
4. kalt – ______
5. laut – ______
6. hell – ______

Grammatik

5 Ergänzen Sie: *er – sie – es – sie.*

1. Das ist eine Kommode. ______ kommt aus Italien.
2. Wie findest du die Blumen? ______ sind sehr schön.
3. Das ist mein Sessel. ______ ist sehr modern.
4. Das ist ein Regal. ______ kostet 30 €.

6 Schreiben Sie Sätze mit *haben* und *brauchen.*

1  2  3  4 

1. Martin hat keine Mikrowelle, aber er braucht eine Mikrowelle.
2. Tamara hat ______________________________.
3. Ich ______________________________.
4. Wir ______________________________.

7 Schreiben Sie Fragen und Antworten wie im Beispiel.

1. du – einen Schrank – hast? / Ja, – ich – einen Schrank – habe.
   Hast du einen Schrank? / Ja, ich habe einen Schrank.
2. die Kommode – ist – groß? / Nein, – nicht groß – sie – ist.
   ______________ / ______________
3. modern – ist – das Sofa? / Ja, – sehr modern – ist – es.
   ______________ / ______________
4. die Wohnung – 300 € – kostet? / Nein, – sie – 400 € – kostet.
   ______________ / ______________

Flüssig sprechen

8 Hören Sie zu und sprechen Sie nach. 1.29

3 Gewusst wie

Kommunikation

Sagen, wie etwas ist oder wie man etwas findet

Das Zimmer ist hell. Der Stuhl ist schön.

- Wie findest du die Lampe?
- Ich finde die Lampe hässlich.

Sagen, was man hat oder nicht hat, was man braucht oder nicht braucht

Ich habe keinen Computer.
Ich brauche ein Fahrrad.

Häuser und Wohnungen beschreiben

Das Haus ist 125 qm groß. Im Erdgeschoss sind die Küche und das Wohnzimmer, im 1. Stock sind zwei Kinderzimmer und das Schlafzimmer. Wir haben einen Garten.

Ich habe eine 1-Zimmerwohnung.
Sie ist 35 qm groß und kostet 300 Euro Warmmiete. Die Wohnung ist klein, aber sie ist hell und hat einen Balkon.

Grammatik

Akkusativ

	Nominativ	Akkusativ
m	ein Schrank	**einen** Schrank
f	ein Regal	ein Regal
n	eine Lampe	eine Lampe
Pl.	- Möbel	- Möbel

Das ist ein Schrank.
Ich habe einen Schrank.

Nominativ	Akkusativ
der Schrank	**den** Schrank
das Regal	das Regal
die Lampe	die Lampe
die Möbel	die Möbel

Der Schrank ist groß.
Ich finde den Schrank schön.

Negation mit *kein*

- Ist das **ein** Bett? - Nein, das ist **kein** Bett.
- Ist das **eine** Lampe? - Nein, das ist **keine** Lampe.
- Ich brauche **einen** Herd. - Nein, du brauchst **keinen** Herd.
- Brauchst du Stühle? - Nein, ich brauche **keine** Stühle.

Haben

ich	habe
du	hast
er/es/sie	hat
wir	haben
ihr	habt
sie	haben

Ja/Nein-Fragen

	Ist	der Sessel bequem?
Ja, er	ist	bequem.
	Brauchen	Sie eine Lampe?
Nein, ich	brauche	keine Lampe.

Artikel und Pronomen

Der Herd ist neu. **Er** ist modern.
Die Küche ist alt. **Sie** ist gemütlich.
Das Bild ist neu. **Es** ist hässlich.
Die Blumen sind rosa. **Sie** sind schön.

Sie lernen:

- über die Familie sprechen
- über Freizeit- und Besuchsprogramme sprechen
- Possessivartikel im Singular
- Verben mit Vokalwechsel
- „haben“ und „sein“ im Präteritum

4 Meine Familie

1 Ü1 **Ordnen Sie zu.**

Meine Großeltern: ______, ______

Meine Eltern: *mein Vater*, ______

Meine Geschwister: *mein Bruder*, ______

2 Ü2 **Nina erzählt. Hören Sie und ergänzen Sie die Namen.** 1.30

Markus – Hilde – Rolf – Tanja – Heike

Heinz Großvater ⚭ ______ Großmutter

______ Vater ⚭ ______ Mutter

Bernd Onkel ⚭ *Sandra* Tante

______ Bruder

______ Schwester

Nina

Kevin Cousin

Melanie Cousine

3 Ü3 **Wie groß ist Ihre Familie? Berichten Sie im Kurs.**

Meine Familie ist klein. Ich habe …

Ich habe viele Verwandte.

A Familie Hoffmann

1a Ü4

Lesen und hören Sie die Texte. Wer sagt was? Ordnen Sie zu. 1.31

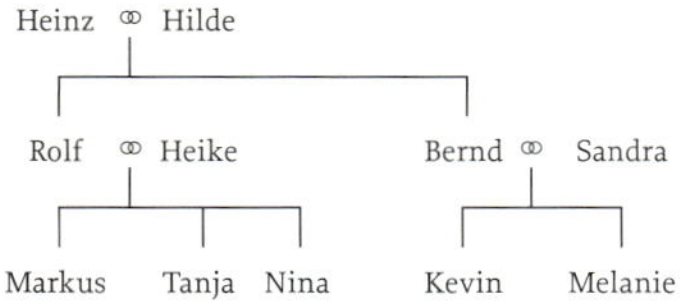

der Sohn, ¨-e	die Tochter, ¨-
der Neffe, -n	die Nichte, -n
der Enkel, -	die Enkelin, -nen

Rolf Hoffmann – Hilde Hoffmann – Bernd Hoffmann – Heike Hoffmann

1. ________: Auf dem Foto sind mein Sohn Rolf und meine Enkel Markus, Tanja und Nina.
2. ________: Auf dem Foto sind mein Mann Rolf und meine Töchter Tanja und Nina und mein Sohn Markus.
3. ________: Auf dem Foto sind mein Bruder Rolf, meine Nichten Tanja und Nina und mein Neffe Markus.
4. ________: Ja, das bin ich und das sind meine Kinder: Markus, Tanja und Nina.

1b

Ergänzen Sie wie im Beispiel.

Heike Hoffmann:

Rolf ist ihr *Mann*.

Markus ist ihr *Sohn*.

Nina und Tanja sind ihre *Töchter*.

Bernd Hoffmann:

Rolf ist sein ________.

Tanja ist seine ________.

Heinz und Hilde sind seine ________.

Hilde Hoffmann:

Rolf ist ihr *Sohn*.

Markus ist ihr ________.

Nina und Tanja sind ihre ________.

Rolf Hoffmann

Nina, Tanja und Markus sind seine ________.

Heike ist seine ________.

2 Die Possessivartikel. Lesen Sie die Sätze in 1b und ergänzen Sie die Tabelle.

Ü5–7

	der Bruder	das Kind	die Schwester	die Eltern
ich	mein	mein	meine	
du	dein	dein	deine	deine
er/es		sein		
sie		ihr	ihre	
Sie	Ihr	Ihr	Ihre	Ihre

3 Fragen und antworten Sie.

Wo wohnen deine Eltern?

Meine Eltern wohnen in ...

Haben Sie Kinder?
Wie heißen Ihre Kinder?

4 Ergänzen Sie.

Ü8–10

1. Ich heiße Anita. ________ Bruder heißt Stefan und ________ Frau heißt Beate.
2. Frau Sander hat zwei Kinder. ____ Tochter ist 13 und ____ Sohn ist 15 Jahre alt.
3. ◖ Yussuf, lebt ________ Frau auch in Deutschland? ◖ Nein, ________ Frau lebt noch in der Türkei.
4. ◖ Was ist ________ Mann von Beruf, Frau Bohn? ◖ ________ Mann ist Tischler.
5. ◖ Harife, was ist ________ Mann von Beruf? ◖ ________ Mann ist Musiker.

5 Das Mein-dein-Spiel. Spielen Sie im Kurs.

B Ein Freizeitprogramm

1 Hören Sie und ordnen Sie den Dialog. 1.32

- ◯ Ja, ich habe jetzt Zeit und komme gern nach Berlin.
- ◯ Oh, da habe ich viele Ideen. In Berlin gibt es viele Sehenswürdigkeiten.
- ◯ Ich komme am Wochenende und bleibe zwei Tage. Was machen wir?
- 1 Hallo, Roberto, kommst du bald nach Berlin?
- ◯ Das ist schön. Wann kommst du?

!

Wo?	→	**in** Berlin
Wohin?	→	**nach** Berlin

2a Was machen Marines da Costa und ihr Bruder? Ordnen Sie zu.

Ü 11+12

- ◯ eine Radtour machen
- ◯ Lebensmittel im Supermarkt kaufen
- ◯ Sehenswürdigkeiten besichtigen
- ◯ ein Straßenfest besuchen
- ◯ Mittagessen kochen

2b Hören Sie und bringen Sie die Fotos in die richtige Reihenfolge. 1.33

2c Was machen Marines und ihr Bruder? Schreiben Sie.

Ü 13–15

zuerst → dann, danach

!

Sie	kaufen	zuerst	Lebensmittel im Supermarkt.
Zuerst	kaufen	sie	Lebensmittel im Supermarkt.

Zuerst kaufen sie Lebensmittel im Supermarkt. Dann

3a Ü16

Welche Sehenswürdigkeiten gibt es in Berlin, Hamburg und München? Was kennen Sie schon? Sprechen Sie im Kurs.

In Berlin gibt es den Reichstag.

3b

Hören Sie den Dialog. Wo wohnt Firas? 1.34

3c Ü17

Hören Sie noch einmal: Was machen Marek und Firas? 1.34

1. *Zuerst machen sie einen Stadtbummel.*
2. *Dann machen*
3. *Danach*

4 Ü18

Projekt: Welche Sehenswürdigkeiten gibt es in Ihrer Stadt? Sammeln Sie.

i

www.meinestadt.de ist eine Internetseite für viele Städte in Deutschland. Hier finden Sie Informationen zu Ihrer Stadt.

C Der Sonntag bei Familie Kuhn

1a Was ist falsch? Korrigieren Sie den Text.

Ü19

Der Sonntag ist bei Familie Kuhn oft sehr ruhig. Alle faulenzen, niemand spricht. Tobias Kuhn schläft. Laura liest ein Buch. Herr Kuhn isst Schokolade und sieht einen Film. Frau Kuhn fährt nach Potsdam. Dort trifft sie eine Freundin.

1. Herr Kuhn *schläft.*
2. Frau Kuhn *isst*
3. Tobias
4. Laura

1b Suchen Sie in 1a die folgenden Verben und ordnen Sie sie zu.

Ü20–22

essen – treffen – sehen – fahren – lesen – schlafen – sprechen

sprechen – spricht
schlafen –

!

	e → i **sprechen**	e → ie **lesen**	a → ä **schlafen**
ich	spreche	lese	schlafe
du	sprichst	**lie**st	schl**ä**fst
er/es/sie	spricht	**lie**st	schl**ä**ft

2 Was macht Laura? Schreiben Sie Sätze.

Ü23

Schlüssel nehmen – Anna treffen – Pizza essen – einen Film sehen – nach Hause fahren

Laura nimmt den Schlüssel. Sie

!

nehmen – er/es/sie ni**mm**t

3 Fragen und antworten Sie.

Sprichst du Türkisch? – Arabisch? – Russisch?
Isst du gern Schokolade? – Pizza? – Eis?
Liest du gern ...?

Sprichst du Türkisch?

Nein, ich spreche Russisch, aber Fatima spricht Türkisch.

D Familien früher

1a Die Kindheit von Hermine Müller. Hören Sie den Text und kreuzen Sie an: richtig oder falsch? 1.35

	R	F
1. Frau Müller hatte neun Geschwister.	○	○
2. Ihr Vater hatte eine Arztpraxis.	○	○
3. Die Arztpraxis war im Elternhaus von Frau Müller.	○	○
4. Die Kindheit von Frau Müller war langweilig.	○	○

1b Hermines Familie früher. Ergänzen Sie den Text und kontrollieren Sie dann mit der CD. 1.35

Ü24–27

~~war~~ – war – war – waren – waren – hatte – hatte – hatte – hatte – hatten

Früher *war* alles anders. Die Familien in Deutschland _______ groß, eine Familie _______ oft acht oder zehn Kinder. Wir _______ neun Kinder. Ich _______ drei Schwestern und fünf Brüder. Mein Vater _______ Arzt von Beruf. Mein Elternhaus _______ sehr groß und mein Vater _______ auch seine Praxis im Haus. Meine Eltern _______ viel Zeit für uns Kinder. Ich _______ keine langweilige Kindheit.

!

	haben	sein
ich	hatte	war
du	hattest	warst
er/es/sie	hatte	war
wir	hatten	waren
ihr	hattet	wart
sie/Sie	hatten	waren

1c Fragen zum Text. Ordnen Sie zu und antworten Sie.

Wie viele Geschwister **1** ○	○ **A** von Beruf?
Was war ihr Vater **2** ○	○ **B** viel Zeit?
War ihre Familie **3** ○	○ **C** hatte Hermine?
Hatten ihre Eltern **4** ○	○ **D** groß?

Hermine hatte ...

2 Ihre Großeltern. Fragen und antworten Sie.

Wie viele Geschwister hatte deine Großmutter?

War die Familie groß?

4 Alles klar!

Wortschatz

1 Welche Wörter passen?

der Großvater – die Großmutter

die Mutter – ______ die Schwester – ______ die Nichte – ______

der Sohn – ______ der Onkel – ______ der Cousin – ______

2 Ergänzen Sie die Sätze.

besichtigt – Liest – eine Freundin – machen – kauft – Mittagessen

1. Wir kochen ______ .
2. Ich besuche ______ .
3. ______ du gern Bücher?
4. Herr und Frau Hoffmann ______ eine Radtour.
5. Roberto ______ Lebensmittel.
6. Er ______ den Hafen.

Kommunikation

3a Christine zeigt ihre Familienfotos. Hören Sie und ordnen Sie die Fotos. 1.36

KLAUS ☐ JUDITH ☐ MARIA 2 CHRISTINE 1 ANDREA ☐ STEFAN ☐ SASCHA ☐ LUKAS ☐

3b Hören Sie den Text noch einmal und ergänzen Sie. 1.36

1. Maria ist die ______ von Christine.
2. Sascha und Lukas sind ihre ______ .
3. Stefan ist ihr ______ und Andrea ist ihre ______ .
4. Ihr ______ heißt Klaus und ihre ______ heißt Judith.
5. Klaus ist der ______ von Stefan.
6. Judith ist die ______ von Klaus.

4 *Zuerst, dann, danach.* Schreiben Sie Sätze.

Katja lernt Deutsch. Sie macht Hausaufgaben. Sie arbeitet.
Sie macht einen Stadtbummel. Sie fährt nach Hause.

Zuerst lernt

5 Fragen und antworten Sie im Kurs.

- Ich war in Hamburg. Wo warst du?
- Ich war in ...
- Wir waren in ... Wo wart ihr?
- Er war in ... Wo ...?

Grammatik

6 Ergänzen Sie die Possessivartikel.

1. Ich habe eine Schwester. Meine Schwester heißt Maria.
2. Paul hat einen Bruder. ________ Bruder ist Friseur.
3. Tina hat noch zwei Geschwister. ________ Geschwister sind 15 und 18 Jahre alt.
4. Herr Lindemann, leben ________ Eltern in Deutschland?

7 Ergänzen Sie die Verben.

1. Lin spricht gut Deutsch. (sprechen)
2. ________ du? (schlafen)
3. Er ________ eine Pizza. (essen)
4. Wir ________ nach Kiel. (fahren)
5. Susanne ________ einen Film. (sehen)
6. Er ________ eine Freundin. (treffen)

8 Ergänzen Sie *haben* oder *sein* im Präteritum.

1. ◖ Wo warst du?
   ◖ Ich ________ in Frankreich.
2. Meine Eltern ________ früher ein Haus.
3. ________ du früher ein Auto?
4. ◖ ________ der Film gestern gut?
   ◖ Nein, er ________ langweilig.

Flüssig sprechen

9 Hören Sie zu und sprechen Sie nach. 1.37

4 Gewusst wie

Kommunikation

Über die Familie sprechen

Meine Familie ist groß. Ich habe sieben Geschwister: drei Schwestern und vier Brüder. Und ich habe vier Tanten und fünf Onkel.

Über Vergangenes sprechen

Früher waren die Familien groß. Meine Großeltern hatten viele Kinder.

Über Freizeitaktivitäten sprechen

Zuerst kaufe ich Lebensmittel und dann koche ich Mittagessen. Danach mache ich eine Radtour. Dann mache ich einen Stadtbummel und danach besuche ich ein Straßenfest.

Grammatik

Possessivartikel

	m		n		f		Pl.	
ich	mein	Bruder	mein	Kind	mein**e**	Schwester	mein**e**	Eltern
du	dein	Bruder	dein	Kind	dein**e**	Schwester	dein**e**	Eltern
er/es	sein	Bruder	sein	Kind	sein**e**	Schwester	sein**e**	Eltern
sie	ihr	Bruder	ihr	Kind	ihr**e**	Schwester	ihr**e**	Eltern
Sie	Ihr	Bruder	Ihr	Kind	Ihr**e**	Schwester	Ihr**e**	Eltern

Verben mit Vokalwechsel

	e → i sprechen	e → ie lesen	a → ä schlafen
ich	spreche	lesen	schlafe
du	spr**i**chst	l**ie**st	schl**ä**fst
er/es/sie	spr**i**cht	l**ie**st	schl**ä**ft
wir	sprechen	lesen	schlafen
ihr	sprecht	lest	schlaft
sie/Sie	sprechen	lesen	schlafen

Genauso: fahren, treffen, sehen, essen, nehmen

Die Verben *sein* und *haben* im Präteritum

	sein	haben
ich	war	hatte
du	warst	hattest
er/es/sie	war	hatte
wir	waren	hatten
ihr	wart	hattet
sie/Sie	waren	hatten

Wörter im Satz

Sie	kaufen	zuerst	Lebensmittel.
Zuerst	kaufen	sie	Lebensmittel.

Station 1

Sprache im Kurs

1 Was passt? Ordnen Sie zu.

1. Ergänzen Sie.
2. Hören Sie.
3. Schreiben Sie.
4. Kreuzen Sie an.
5. Lesen Sie.
6. Spielen Sie Dialoge.

2a Wer sagt was? Was sagen beide? Kreuzen Sie an.

	Kursteilnehmer/in	Kursleiter/in
1. Wie heißt das auf Deutsch?	○	○
2. Sprechen Sie bitte nicht so schnell!	○	○
3. Ich habe eine Frage.	○	○
4. Können Sie das bitte wiederholen?	○	○
5. Hausaufgabe ist die Nummer vier im Arbeitsbuch.	○	○
6. Können Sie das bitte erklären?	○	○

2b Lesen Sie die Sätze laut.

3a Ordnen Sie den Dialog und kontrollieren Sie mit der CD. 1.38

◯ Ich bin krank. Haben wir Hausaufgaben?

1 Hallo Samuel, hier ist Igor.

◯ Vielen Dank. Morgen komme ich wieder.

◯ Dann bis morgen.

◯ Hallo Igor, wo warst du heute?

◯ Ja, im Arbeitsbuch die Übungen eins und zwei auf Seite 25.

3b Variieren Sie den Dialog.

– Hausaufgabe: Arbeitsbuch S. 17, Übung 4 und 6.
– Sie haben keine Hausaufgaben.
– Sie hatten einen Termin. Hausaufgabe: Kursbuch S. 22, Übung 4.

Station 1

Drei in einer Reihe

Spielregeln

1. Zwei oder vier Personen spielen zusammen.
2. Sie brauchen neun Spielsteine, z.B. Münzen.
3. Sie lösen eine Aufgabe richtig. Dann legen Sie eine Münze auf das Feld.
4. Haben Sie drei Felder in einer Reihe? Dann haben Sie gewonnen.

Wie ist Ihre Telefon-nummer?

...

Woher kommen Sie?

Wie heißen die Farben?

Was passt nicht?
der Bleistift
das Haus
das Heft
der Radiergummi

Wie ist Ihre Adresse?

Ist das ein Stuhl?

Wie heißt das Gegenteil?

groß ≠ ...
kalt ≠ ...
hell ≠ ...

Welche Sprachen sprechen Sie?

Buchstabieren Sie Ihren Namen.

Was sind Sie von Beruf?

Wie heißt der Plural?
das Buch
das Foto
der Lehrer
der Tisch

Haben Sie Kinder?

Wie waren Familien früher? Wie sind Familien heute?

Brauchen Sie einen Fernseher?

Was machen Sie am Wochen-ende?

Haben Sie Geschwister? Wie viele? Wie groß ist Ihre Familie?

Sie lernen:

- *über die Freizeit sprechen*
- *die Uhrzeit*
- *einen Tagesablauf/Wochenplan beschreiben*
- *sich verabreden*
- *trennbare Verben*

5 Mein Tag, meine Woche

1a Freizeit. Ordnen Sie die Hobbys und Aktivitäten den Bildern zu.

Ü1

◯ Fußball spielen	◯ schwimmen gehen	◯ im Internet surfen
◯ wandern	(2) Hausaufgaben machen	◯ joggen
◯ kochen	◯ tanzen	◯ Musik hören

1b Was hören Sie? Raten Sie. 1.39

1c Was machen die Personen auf den Fotos? Sprechen Sie im Kurs.

Der Junge spielt Fußball.

Das Mädchen macht Hausaufgaben.

!
schwimmen gehen
Die Kinder gehen gern schwimmen.

2 Was machen Sie gern? Was machen Sie nicht gern? Fragen und antworten Sie.

Ü2+3

Was machen Sie gern?

Ich gehe gern schwimmen.

Ich tanze nicht gern.

Mein Hobby ist Tanzen.

A Wie spät ist es?

1 Uhrzeiten. Fragen und antworten Sie.

Ü4+5

Entschuldigen Sie, wie spät ist es?

Es ist Viertel nach sieben.

2 Wie spät ist es? Ergänzen Sie die Reihen.

1. Es ist zehn Uhr. Es ist fünf nach zehn. Es ist zehn nach zehn. Es ist ...
2. Es ist zwölf Uhr. Es ist Viertel nach zwölf. Es ist halb eins. Es ist ...
3. Es ist ein Uhr. Es ist halb zwei. Es ist ...

3 Wann kommst du? Fragen und antworten Sie.

Wann kommst du?

Ich komme um acht.

!
Wann? **Um** acht Uhr.

4 Ihr Deutschkurs. Fragen und antworten Sie.

Wann beginnt der Kurs?
Wann kommt die Kursleiterin?
Wann kommen Sie?
Wann beginnt die Pause?
Wann endet der Kurs?

Der Kurs beginnt um ...

5a Uhrzeiten offiziell. Hören Sie und ordnen Sie die Fotos zu. 1.40

Ü6+7

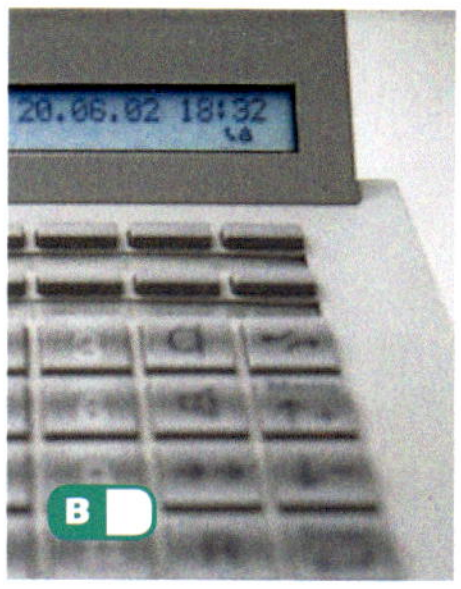

5b Ordnen Sie die Fotos den Uhrzeiten zu.

1. ◯ zwanzig Uhr
2. ◯ dreizehn Uhr vierundvierzig
3. ◯ zehn Uhr achtundfünfzig
4. ◯ zwanzig Uhr fünfzehn
5. ◯ achtzehn Uhr zweiunddreißig

6 Schreiben Sie die Sätze wie im Beispiel.

Ü8

Der Film	beginnt	um 20.15 Uhr.
Um 20.15 Uhr	beginnt	der Film.

1. fahren – der Zug – 13.47 Uhr
2. hören – ich – die Nachricht – 18.32 Uhr
3. klingeln – der Radiowecker – 10.58 Uhr
4. beginnen – die Nachrichten – 20.00 Uhr

Der Zug fährt um 13.47 Uhr. / ...

7 Lesen und variieren Sie den Dialog.

Ü9–11

- Wann beginnt der Englischkurs?
- Um 18 Uhr.
- Um 18 Uhr? Also, um sechs? Und bis wann geht der Kurs?
- Bis 20 Uhr.
- Der Kurs geht also von sechs bis acht?

(der)	**Englischkurs**	18.00 – 20.00 Uhr
(das)	**Fußballspiel**	15.30 – 17.15 Uhr
(der)	**Kochkurs**	19.00 – 21.00 Uhr
(der)	**Deutschkurs**	19.45 – 21.15 Uhr
(der)	**Krimi**	21.15 – 22.00 Uhr
(die)	**Tanzparty**	20.00 – 23.30 Uhr

i

offiziell	nicht offiziell
sechs Uhr achtzehn Uhr	sechs Uhr
vier Uhr fünfzehn sechzehn Uhr fünfzehn	Viertel nach vier
fünf Uhr dreißig siebzehn Uhr dreißig	halb sechs

!

Wann ... ?

⊙ um → bis ←→ von ... bis

B Was macht Marines am Samstag?

1a Ein ganz normaler Samstag bei Marines. Ordnen Sie die Bilder zu.

- (3) Um halb zwölf holt sie ein Paket ab. — abholen
- ( ) Der Film im Kino fängt um 21 Uhr an. — ______
- ( ) Um halb sieben sieht sie fern. — ______
- ( ) Marines steht um neun Uhr auf. — ______
- ( ) Sie räumt ihre Wohnung auf. — ______
- ( ) Sie kauft Lebensmittel ein. — ______
- Sie bringt eine Zeitung mit. — ______
- ( ) Um Viertel nach acht geht Marines aus. — ______
- Zwei Freundinnen kommen mit. — ______
- ( ) Der Film hört spät auf. — ______

1b Unterstreichen Sie die Verben in den Sätzen oben. Ordnen Sie die Infinitive zu.

Ü12

anfangen – aufhören – aufstehen – mitkommen – aufräumen – fernsehen
~~abholen~~ – einkaufen – mitbringen – ausgehen

1c Ü13

Trennbare Verben. Schreiben Sie Sätze und markieren Sie wie im Beispiel.

1.	Marines	steht	um neun Uhr	auf.
2.	Sie	kauft	Lebensmittel	.
3.	Um halb zwölf		sie ein Paket	.
4.	Sie			.
5.				.

1d

Wann macht Marines was? Fragen und antworten Sie.

Wann steht Marines auf?

Sie steht um neun Uhr auf.

2

Der Deutschkurs. Schreiben Sie Sätze.

1. ausfallen – der Kurs – heute   Der Kurs fällt heute aus.
2. morgen – stattfinden – er   morgen
3. anfangen – um neun Uhr – wir   um neun Uhr
4. aufhören – wir – um zwölf Uhr   Um zwölf Uhr

3a Ü14+15

Was machen Sie am Wochenende? Erzählen Sie.

Wohnung aufräumen

wegfahren

joggen

Eltern anrufen

Freunde treffen

Ich treffe Freunde.

Interessant!

Schön!

Langweilig!

3b

Was machen Sie jeden Tag? Schreiben Sie einen Text.

Ich stehe um sieben Uhr auf. ...

C Meine Woche

1a Der Wochenplan von Frau Schmidt. Fragen und antworten Sie.

Ü16–18

Was macht Frau Schmidt am Montag?

Montag	Dienstag	Mittwoch	Donnerstag	Freitag	Samstag/ Sonntag
9–11 Uhr: Deutschkurs	10.30 Uhr: Arzt	9–11: Deutschkurs	10.00 Uhr: Fahrrad kaufen	13.00 Uhr: essen gehen	
16 Uhr: Hausaufgaben	ab 18.00 Uhr arbeiten	16 Uhr: Hausaufgaben mit Marwa	19.00 bis 24.00 Uhr: arbeiten	16.00: Fußball	Hamburg
				20.00: Rolf besuchen	

Von neun bis elf Uhr hat sie einen Deutschkurs.

Um 16 Uhr macht sie Hausaufgaben.

1b Erzählen Sie.

Ü19

am Morgen *am Vormittag* *am Mittag* *am Nachmittag* *am Abend* *in der Nacht*

Montag: Am Vormittag hat Frau Schmidt einen Deutschkurs. Am Nachmittag ...
Dienstag: ...

2 Hören Sie den Text und kreuzen Sie an: richtig oder falsch? 1.41

Ü20

	R	F
1. Am Montagvormittag hat Michael einen Arzttermin.	☒	☐
2. Am Dienstag besucht er Freunde in Frankfurt.	☐	☐
3. Michael arbeitet jeden Tag.	☐	☐
4. Am Freitagabend packt er den Koffer.	☐	☐

i
am Montag + Vormittag
= am Montagvormittag

3 Und Ihr Wochenplan? Fragen und antworten Sie.

Ü21

Was machst du am Donnerstag?

Am Nachmittag besuche ich einen Freund. Wir spielen zusammen Computerspiele.

Was machst du am Dienstag?

Am Dienstagabend habe ich einen Tanzkurs.

D Hast du morgen Zeit?

1a Hören Sie den Dialog und beantworten Sie die Fragen. 1.42

1. Was macht Mahmut am Dienstag?
2. Wann spielen Mahmut und Andreas zusammen Fußball?

1b Hören Sie noch einmal und ordnen Sie den Dialog. 1.42

Ü22

- ◯ Hallo, Mahmut, hier ist Andreas. Spielen wir zusammen Fußball? Vielleicht am Dienstagnachmittag?
- ◯ Gut, dann um fünf. Bringst du einen Ball mit?
- 1 Mahmut Usta, ja bitte?
- ◯ Ja, gern, aber nicht am Dienstag, ich habe am Nachmittag Schule. Hast du am Mittwoch Zeit?
- ◯ Ja, das geht. Um drei Uhr habe ich Zeit.
- ◯ Klar, das mache ich. Dann bis Mittwoch.
- ◯ Geht es auch später? Am Mittwoch habe ich immer viele Hausaufgaben.
- ◯ Bis Mittwoch. Tschüss!

2 Fragen und antworten Sie.

Ü23

Gehen wir am Samstag ins Kino?
Hast du heute Abend Zeit?
Spielen wir zusammen Fußball?
...

🙂	😐	☹
Ja, ich habe Zeit.	Ja, gern, aber nicht am Samstag.	Nein, leider nicht.
Sehr gern.	Geht es auch später?	Nein, ich habe keine Zeit.
Ja, das geht.		Nein, das geht nicht.
		Nein, ich habe keine Lust.

3 Fragen und antworten Sie.

Ü24–27

- zusammen kochen – Samstag ◖ Wann? – keine Zeit – nach Nürnberg fahren
- Fahrrad fahren – heute Nachmittag ◖ keine Lust
- wandern – Sonntagnachmittag ◖ ...
- ausgehen – Samstagabend ◖ ...
- ins Konzert gehen ◖ ...
- ...

5 Alles klar!

Kommunikation

1 Hören Sie und kreuzen Sie an: Welche Uhrzeit ist richtig? 1.43

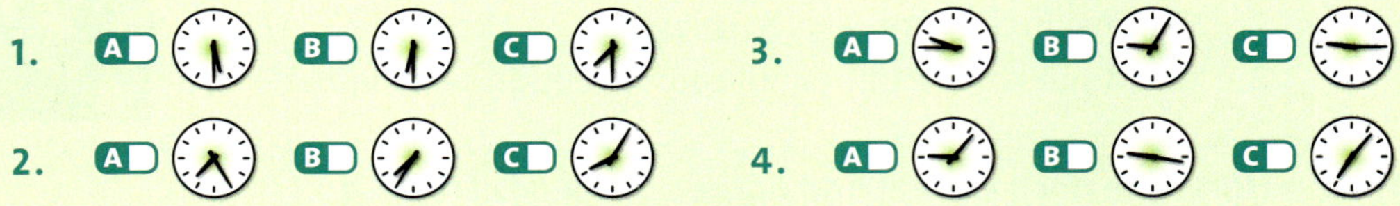

2 Ergänzen Sie.

1. Wann kommst du am Nachmittag? – *Ich komme um halb fünf*.
2. Wann ______? – Der Film fängt um ______ an.
3. Wie ______? – Es ist jetzt ______.
4. Wann ______ du ______? – Ich rufe um ______ an.
5. Wann fährt der Bus? – ______ um ______ oder um ______.

3 Der Samstag von Frau Krause. Schreiben Sie einen Text.

Am Morgen: früh aufstehen, lange frühstücken
Am Vormittag: einkaufen, aufräumen
Am Mittag: kochen und essen, eine Stunde schlafen
Am Nachmittag: ihre Freundin anrufen, ihren Enkel besuchen
Am Abend: fernsehen, früh schlafen gehen

Frau Krause steht früh auf. Sie ...
Am Vormittag ... Dann ...

4a Schreiben Sie Fragen.

1. ausgehen – wir – am Wochenende
2. lernen – Deutsch – zusammen – wir
3. Zeit – ihr – haben – am Freitagabend
4. wir – machen – eine Radtour – morgen
5. zusammen – kochen – wir

1. Gehen wir am Wochenende aus?

4b Machen Sie mit den Fragen aus 4a Dialoge.

Lernen wir zusammen Deutsch? | *Ja, gern. Wann?* | *Nein, ich ...*

Wortschatz

5 Was passst zusammen? Ordnen Sie zu.

Freunde	1	A	aufräumen
Fußball	2	B	machen
Hausaufgaben	3	C	gehen
im Internet	4	D	besuchen
Musik	5	E	surfen
schwimmen	6	F	spielen
die Wohnung	7	G	hören

6 Was machen Sie gern oder nicht gern? Schreiben Sie drei Sätze.

Grammatik

7 Ergänzen Sie.

1. Fernando ____________ am Abend ____________. *(fernsehen)*
2. Der Kurs ____________ morgen ____________. *(stattfinden)*
3. Am Wochenende ____________ ich meine Wohnung ____________. *(aufräumen).*
4. Danach ____________ ich Lebensmittel ____________. *(einkaufen)*
5. Er ____________ seine Freundin ____________. *(abholen)*
6. Der Film ____________ um 20.00 Uhr ____________. *(anfangen)*
7. Wann ____________ der Film ____________? *(aufhören)*

Flüssig sprechen

8 Hören Sie zu und sprechen Sie nach. 1.44

5 Gewusst wie

Kommunikation

Sagen, was man gern oder nicht gern macht

Ich tanze gern. Ich sehe nicht gern fern. Mein Hobby ist Tanzen.

Die Uhrzeit sagen

- Wie spät ist es?
- Es ist Viertel vor sieben.

- Wann kommst du?
- Ich komme um neun Uhr.

Einen Tagesablauf beschreiben

Am Vormittag habe ich einen Deutschkurs. Er fängt um neun Uhr an und geht bis halb eins. Am Nachmittag mache ich Hausaufgaben. Am Abend sehe ich fern.

Einen Wochenplan beschreiben

MONTAG	DIENSTAG
8.00–17.00	8.00–15.00
Arbeit	Sprachkurs

Am Montag arbeite ich lange. Am Dienstag habe ich Sprachkurs. Am Mittwoch ...

Sich verabreden

- Gehen wir zusammen schwimmen?
- Ja, gern. Wann?
- Am Dienstag.
- Das geht nicht. Am Dienstag habe ich keine Zeit. Geht es am Mittwoch?
- Ja, das geht.

Grammatik

Trennbare Verben

ab|holen	→	Sie	holt	ein Paket	ab.
auf|stehen	→	Ich	stehe	um sieben Uhr	auf.
ein|kaufen	→	Am Nachmittag	kauft	sie Lebensmittel	ein.

Satzstellung

Am Montag	gehe	ich	ins Kino.
Ich	gehe	am Montag	ins Kino.
Um halb sieben	beginnt	der Film.	
Der Film	beginnt	um halb sieben.	

Temporale Präpositionen

⊙ um → bis ←→ von ... bis

Kino Metropol
20:00 – 22:00 James Bond

Der Film beginnt **um** 20 Uhr. Er geht **bis** 22 Uhr. Der Film geht **von** 20 Uhr **bis** 22 Uhr.

Sie lernen:
- Einkaufsdialoge führen
- nach Preisen fragen
- sagen, was man gern und nicht gern isst/trinkt
- Tipps geben
- Imperativ
- Negation mit „nicht“

6

Guten Appetit!

- ◯ Äpfel
- ◯ Bananen
- ◯ Brot
- ◯ Butter
- ◯ Hähnchen
- ◯ Joghurt
- ◯ Kaffee
- ◯ Kartoffeln
- ◯ Käse
- ◯ Milch
- ◯ Nudeln
- ◯ Reis
- ◯ Sahne
- ◯ Salat
- ◯ Schokolade
- ◯ Tee
- ◯ Fisch
- ◯ Tomaten
- ◯ Wasser
- ◯ Wein
- ◯ Wurst
- ◯ Zwiebeln

1 Lebensmittel. Was ist was? Ordnen Sie zu.

Ü1

2a Essgewohnheiten. Machen Sie eine Umfrage im Kurs.

Ü2+3

	täglich	oft	manchmal	selten	nie
Kartoffeln		III		I	
Wein			II		I
...					

2b Fragen und antworten Sie.

Was isst du oft?

Ich esse oft Nudeln.

Trinkst du manchmal Wein?

Nein, ich trinke nie Wein.

A Der Einkaufszettel

1 Hören Sie und kreuzen Sie an: Was braucht Familie Kuhn? 1.45

2 Hören Sie das Gespräch noch einmal. Was passt zusammen? 1.45

Ü4

Kauf **1**	**A**	nicht den Einkaufszettel.
Vergiss **2**	**B**	doch in die Bäckerei.
Hol **3**	**C**	bitte Butter.
Geh **4**	**D**	das Brot bitte nicht im Supermarkt.
Holt **5**	**E**	nicht die Eier.
Vergesst **6**	**F**	auch Obst, Orangen und Äpfel.

(1 – C)

!

Der Imperativ

du: ~~Du~~ gehst in die Bäckerei.
Geh in die Bäckerei!

ihr: ~~Ihr~~ holt zwei Dosen Mais.
Holt zwei Dosen Mais!

3 Einkaufszettel. Spielen Sie im Kurs.

- Kauf bitte Brot.
- Kauf bitte Brot und Milch.
- Kauf bitte Brot und Milch und ...
- Und vergiss nicht Reis.
- Und vergiss nicht Reis und Salat.
- Und vergiss nicht Reis und Salat und ...

4 Geben Sie Tipps.

Ü5

Wir haben Durst. *trinken – Apfelsaft*
Wir haben keine Milch. *gehen – in den Supermarkt*
Ich suche Arbeit. *lesen – die Stellenanzeigen*
Ich habe Hunger. *essen – ein Müsli*

Wir haben Durst.

Dann trinkt doch einen Apfelsaft!

5a Hören Sie die Ansagen im Supermarkt und ergänzen Sie die Lücken. 1.46

Ü6+7

bezahlen – Nehmen – Probieren

1. Jetzt im Angebot: Bananen aus Südamerika. Das Kilo für nur 1,10 €. ____ Sie die Bananen aus Südamerika!

2. Nur heute: Joghurt von Müller. ____ Sie drei Becher, und ____ Sie zwei!

Der Imperativ
Sie: Sie kaufen Orangen.
Kaufen Sie Orangen.

5b Schreiben Sie Ansagen für den Supermarkt und lesen Sie im Kurs laut vor.

Nehmen Sie ... – Probieren Sie ... – Kaufen Sie ...

6 Verpackungen. Ordnen Sie die Lebensmittel zu.

Ü8–10

1. 
eine Packung ____

2. 
ein Netz ____

3. 
ein Becher ____

4. 
eine Dose ____

5. 
eine Tafel *Schokolade*

6. 
eine Tüte ____

7. 
eine Flasche ____

8. 
ein Stück ____

9. 
ein Glas ____

Joghurt
~~Schokolade~~
Erbsen
Butter
Spaghetti
Wein
Marmelade
Chips
Orangen

7 Einkaufszettel. Was brauchen Sie? Arbeiten Sie zu zweit und berichten Sie.

A ... für ein Picknick am Wochenende?

B ... für ein Abendessen mit Freunden?

PICKNICK
– Essen: Brot, 10 Brötchen, 400g Wurst
– Getränke: Bier, Saft, ...
– Kuchen

ABENDESSEN
1 Packung Spaghetti
500 g Hackfleisch
1 Dose Tomaten
...

1 g = 1 Gramm
1 kg = 1 Kilo(gramm)
1 Pfd. = 1 Pfund (= 500 Gramm)
1 l = 1 Liter

B Einkaufen

1a Ü11

Was kaufen Sie wo? Erzählen Sie.

○ im Supermarkt

○ am Kiosk

○ im Getränkemarkt

○ auf dem Markt

○ in der Bäckerei

Ich kaufe Gemüse auf dem Markt.

1b

Hören Sie und kreuzen Sie in 1a an: Zu welchen Fotos passen die Dialoge? 1.47

1c Ü12–14

Schreiben Sie die Dialoge. Kontrollieren Sie dann mit der CD. 1.47

Ich hätte gern 200g Hackfleisch. – ~~Was darf es sein?~~ – 3,00 €. – Ja, kein Problem. Wie viel kostet das? – Darf es etwas mehr sein?

Dann geben Sie mir bitte zwei Kilo. – Was kostet ein Kilo Tomaten? – ~~Ja, bitte?~~ – Haben Sie noch einen Wunsch? – 3,60 €. Danke. Und 40 Cent zurück – Danke, das ist alles. Was macht das? – Das Kilo kostet 1,80 €.

	Dialog 1	Dialog 3
Verkäufer:	*Was darf es sein?*	*Ja, bitte?*
Kunde:		
Verkäufer:		
Kunde:		
Verkäufer:		
Kunde:		
Verkäufer:		

2 Ü15

Hören Sie und kreuzen Sie an: Welcher Preis ist richtig? 1.48

1. Ein Kilo Tomaten kostet ○ 1,40 €. ○ 1,60 €.
2. Eine Flasche Wein kostet ○ 3,29 €. ○ 3,69 €.
3. Ein Stück Butter kostet ○ 0,85 €. ○ 0,95 €.
   Eine Packung Müsli kostet ○ 2,19 €. ○ 2,39 €.
   Ein Liter Milch kostet ○ 0,81 €. ○ 0,84 €.

i
Preise:
1,99 €
ein Euro neunundneunzig / eins neunundneunzig

3a Auf dem Markt. Ergänzen Sie den Dialog. Es gibt mehrere Möglichkeiten.

- Guten Tag. Was möchten Sie?
- ______________ zwei Kilo Tomaten.
- ______________________________?
- Ja bitte, noch ein Kilo Äpfel.

- Haben Sie noch einen Wunsch?
- Nein danke, ______________________.
- ______________________________?
- Das macht zusammen 5,80 €.

3b Lesen Sie den Dialog laut.

4 Gehen Sie einkaufen. Spielen Sie Dialoge.

Ü16+17

	Kunde/Kundin	Verkäufer/Verkäuferin	
Auf dem Markt 	1 Kilo Äpfel 2 Kilo Kartoffeln 1 Salat 2 Orangen 1 Pfund Zwiebeln 3 Birnen	Äpfel Kartoffeln Salat Orangen Zwiebeln Birnen	2,00 € / kg 1,10 € / kg 1,00 € / Stück 0,49 € / Stück 1,20 € / Pfund 2,50 € / kg
In der Bäckerei 	4 Brötchen 1 Weißbrot 2 Stück Käsekuchen	Brötchen Weißbrot Käsekuchen	0,40 € / Stück 1,55 € / Stück 1,45 € / Stück
Im Supermarkt 	200 g Schinken 300 g Hackfleisch	Schinken Hackfleisch	1,30 € / 100 g 9,90 € / kg

Was darf es sein?

Guten Tag, ich möchte ...

5 Schreiben Sie mit Ihrem Partner/Ihrer Partnerin einen Einkaufszettel und spielen Sie die Einkaufsdialoge.

Ü18+19

Sie möchten einen Salat machen.
Sie möchten eine Spezialität aus Ihrem Land machen.
...

! **möchten**

ich	möchte
du	möchtest
er/es/sie	möchte
wir	möchten
ihr	möchtet
sie/Sie	möchten

C Das mag ich

1a Was mag Susanna? Erzählen Sie.

Ü20

Susanna mag Wurst, aber sie mag keinen Käse.

mögen

ich mag	wir mögen
du magst	ihr mögt
er/es/sie mag	sie/Sie mögen

1b Was isst/trinkt sie nicht gern? Variieren Sie die Sätze.

Ü21

Susanna mag keinen Käse. Sie isst nicht gern Käse.
Susanna mag Wurst. Sie isst gern Wurst.

Ich mag **kein** Bier.
(kein + Nomen)
Ich trinke **nicht gern** Bier.

2a Was essen oder trinken Sie nicht gern, was mögen Sie? Machen Sie eine Liste.

Ü22

Das mag ich	*Das esse/trinke ich nicht gern*
Schokolade	*Bier*

2b Fragen und antworten Sie im Kurs.

Ü23

Was magst du? — Ich mag ...
Was isst du gern / nicht gern? — Ich esse gern ... / nicht gern ...
Was trinkst du gern / nicht gern? — Ich trinke gern ... / nicht gern ...
Isst du gern Schokolade? — Nein, ich esse nicht gern ...
Trinkst du gern Tee? — Ja, ich trinke gern ...
Magst du Kartoffeln? — Nein, ich mag keine Kartoffeln.

D Essen in Deutschland

1 Sehen Sie sich die Fotos an und ordnen Sie zu.

Frühstück – Mittagessen – Abendessen – Kaffee und Kuchen – Imbiss – Kantine

1 

3 

5 

2 

4 

6 

2 Familie Schmidt. Lesen Sie den Text und beantworten Sie die Fragen.

Ü24

07:00 Familie Schmidt frühstückt. Herr Schmidt isst ein Brot mit Käse oder Wurst. Frau Schmidt mag Toast mit Marmelade und Honig. Sie trinken Kaffee. Daniel isst Cornflakes und trinkt Kakao. Seine Schwester Claudia isst Müsli mit Obst und trinkt Tee.

13:00 Frau Schmidt kocht das Mittagessen. Nach der Schule haben die Kinder großen Hunger. Sie essen gern Spaghetti mit Tomatensauce oder Hähnchen mit Reis und Gemüse. Es gibt Salat und zum Nachtisch einen Joghurt. Herr Schmidt isst mittags in der Kantine oder eine Kleinigkeit an einem Imbiss.

19:00 Zum Abendessen gibt es Brot, Käse und Wurst, Tomaten und Gurken, manchmal auch eine Dose Fisch. Herr Schmidt trinkt gern ein Bier, seine Frau Früchtetee ohne Zucker und die Kinder Apfelsaft und Mineralwasser.

1. Was isst und trinkt die Familie zum Frühstück?
2. Was mögen die Kinder zum Mittagessen?
3. Was gibt es zum Abendessen?

3 Was essen Sie? Was isst man in Ihrem Heimatland?

Ü25

Ich esse zum Frühstück ….

In … isst man …

6 Alles klar!

Kommunikation

1a Hören Sie und ordnen Sie den Dialog. 1.49

- ◯ Gern, sonst noch etwas?
- ◯ Das macht zusammen 3,15 €.
- (1) Guten Tag, was darf es sein?
- ◯ Nur 1,20 €.
- ◯ Ich hätte gern ein Kilo Kartoffeln.
- ◯ Wie viel kostet der Salat?
- ◯ Hier sind drei Euro und 15 Cent, bitte.
- ◯ Dann nehme ich noch einen Salat und zwei Orangen. Das ist dann alles.

1b Variieren Sie den Dialog.

1. 4 Brötchen, 2 Stück Käsekuchen, 1 Brot
   Preise: 1 Brötchen: 0,40 € / 1 Stück Käsekuchen: 2,10 € / 1 Brot: 1,90 €
2. 2 Kilo Tomaten, 500 g Erdbeeren, 2 Flaschen Wein
   Preise: 1 Kilo Tomaten: 1,90 € / 500 g Hackfleisch: 2 € / 1 Flasche Wein: 3,90 €

2 Was passt zusammen?

Ich verstehe die Grammatik nicht.	1	A	Dann lies doch ein Buch!
Wir haben keine Butter mehr.	2	B	Dann trink doch Kaffee!
Der Film ist langweilig.	3	C	Dann kauf doch ein!
Ich mag kein Fleisch!	4	D	Dann frag doch den Lehrer!
Ich trinke nicht gern Tee.	5	E	Dann iss doch Fisch!

3 Sie planen ein Kursfest. Was brauchen Sie? Sammeln Sie an der Tafel.

Essen	Getränke
Brot	...

Wortschatz

4 Hören Sie und notieren Sie die Preise. 1.50

1. ______ 3. ______ 5. ______ 7. ______
2. ______ 4. ______ 6. ______ 8. ______

5 **Wie heißen die Lebensmittel? Notieren Sie sie mit Artikel.**

1 
ERIS
der Reis

3 
AKEEFF
____

5 
ESKÄ
____

7 
ÄNHHNECH
____

9 
ETE
____

2 
TAALS
____

4 
OTBR
____

6 
CHFSI
____

8 
ERBI
____

10 
GUKIMMUA
____

6 **Was essen oder trinken Sie gern oder nicht gern? Schreiben Sie Sätze mit den Lebensmitteln aus Aufgabe 5.**

Ich trinke gern Kaffee. Aber ich trinke nicht gern Tee.
Ich mag ... / Ich esse gern ... / Ich esse nicht gern ... / Ich mag kein ... / keinen ...

Grammatik

7 **Ergänzen Sie die Imperative.**

1. *(essen)* Iss / Esst / Essen Sie nicht nur Schokolade!
2. *(vergessen)* __________ / __________ / __________ nicht die Hausaufgaben!
3. *(kommen)* __________ / __________ / __________ bitte!

8 **Ergänzen Sie das Verb *mögen*.**

1. __________ du Wein? 2. Sabine und Werner __________ gern Bananen.
3. Irina __________ keine Spaghetti. 4. __________ ihr Fisch?
5. Er __________ Süßigkeiten.

Flüssig sprechen

9 **Hören Sie zu und sprechen Sie nach.** 1.51

6 Gewusst wie

Kommunikation

Tipps geben

- Wir haben Durst.
- Dann trinkt doch Apfelsaft!

- Ich suche Arbeit.
- Dann lies doch die Stellenanzeigen!

Einkaufsdialoge führen

Verkäufer/Verkäuferin	Kunde/Kundin
Was darf es sein?	Wie viel kosten die Tomaten?
1 Pfund kostet 1,20 €.	Ich hätte gern zwei Kilo Tomaten.
Das macht zusammen 12 €.	Was macht das?

Sagen, was man gern oder nicht gern isst und trinkt

Ich mag keinen Wein. Ich trinke gern Tee, aber ich trinke nicht gern Kaffee.

Grammatik

Imperativ

		du-Form	ihr-Form	Sie-Form
gehen	~~du~~ gehs~~t~~	Geh ...	Geht ...	Gehen Sie ...
holen	~~du~~ hols~~t~~	Hol ...	Holt ...	Holen Sie ...
vergessen	~~du~~ vergiss~~t~~	Vergiss ...	Vergesst ...	Vergessen Sie ...
(!) fahren	~~du~~ fährs~~t~~	Fahr ...	Fahrt ...	Fahren Sie ...
sein		**Sei** ...	**Seid** ...	**Seien** Sie ...

Gern, nicht gern und *kein*

Ich mag Käse, aber ich mag **keine** Wurst.

Ich esse **gern** Käse.
Ich esse **nicht gern** Wurst.

Ich trinke **gern** Tee.
Ich trinke **nicht gern** Kaffee.

Mögen und *möchten*

	mögen	möchten
ich	mag	möchte
du	magst	möchtest
er/es/sie	mag	möchte
wir	mögen	möchten
ihr	mögt	möchtet
sie/Sie	mögen	möchten

Sie lernen:
- über Berufe und Arbeit sprechen
- ein Überweisungsformular ausfüllen
- die Modalverben „können", „müssen", „wollen"
- Präpositionen mit Dativ

7

Meine Arbeit

1a Was ist wo? Welche Berufe kennen Sie? Berichten Sie.

Ü1

Im Erdgeschoss links ist eine Bank. Die Bank heißt …

1b Ordnen Sie die Berufe zu.

◯ Hausmeister	◯ Koch	◯ Reinigungskraft
◯ Briefträger	◯ Lehrerin	◯ Sekretärin
(1) Kellnerin	◯ Maler	◯ Friseurin
◯ Bankkauffrau	◯ Programmierer	◯ Taxifahrer

1c Hören Sie. Welche Berufe aus 1b hören Sie? Unterstreichen Sie in 1b. 1.52

Ü2

A Das muss ich machen

1a Lesen Sie die Texte und ergänzen Sie die Tabelle.

Ü3+4

1

Ich bin Liam Phan und ich habe einen Laden mit Spezialitäten aus Asien. Ich muss die Waren in Asien bestellen, im Laden verkaufen und die Kunden bedienen. Mein Arbeitstag ist sehr lang: Ich arbeite von Montag bis Samstag. Ich öffne meinen Laden immer morgens um 8 Uhr und schließe um 19 Uhr. Nur am Samstag schließe ich schon am Mittag um 13 Uhr.

2

Ich bin Martina Steinert. Ich bin Bankkauffrau und arbeite bei der Volksbank. Ich muss immer früh aufstehen. Meine Arbeitszeit ist Montag bis Donnerstag von 9 bis 17 Uhr, am Freitag bis 16 Uhr. Ich habe viel Kontakt mit den Kunden: Ich berate sie, ich wechsle Geld und ich helfe bei Problemen mit Überweisungen. Ich kontrolliere die Kasse und muss Formulare bearbeiten und unterschreiben.

3

Ich heiße Stephanie Kuhn. Ich bin Sekretärin bei der Sprachschule Kramer. Ich mache die Kurslisten und nehme die Anmeldungen an.
Die Teilnehmer haben viele Fragen: Sie wollen die Kurstermine und die Preise wissen. Viele können noch nicht so gut Deutsch sprechen. Dann muss ich sehr langsam sprechen. Ich kann auch Englisch sprechen. Ich arbeite von 9 bis 16 Uhr, am Samstag und Sonntag habe ich frei. Das ist gut, denn am Wochenende will ich nicht arbeiten.

	Liam Phan	Martina Steinert	Stephanie Kuhn
Beruf	Ladenbesitzer		
Aufgaben	Waren bestellen und verkaufen, bedienen	Geld wechseln	
Arbeitszeit			Montag–Freitag: 9–16 Uhr

1b Was machen die Personen aus 1a? Fragen und antworten Sie.

Wie lange arbeitet Herr Phan? | *Er arbeitet jeden Tag elf Stunden.* | *Wann öffnet er seinen Laden?* | *Was macht Frau Steinert?* | *Sie wechselt …*

1c Was sagt Frau Kuhn? Ergänzen Sie die Sätze.

1. Ich *muss* sehr langsam ______ .
2. Ich ______ auch Englisch ______ .
3. Am Wochenende ______ ich nicht ______ .

2a *Können, wollen* oder *müssen*? Ordnen Sie die Sätze den Bildern zu.

A

B

C

D

1. Er kann nicht Tennis spielen.
2. Wir wollen Deutsch lernen.
3. Sie müssen die Wohnung putzen.
4. Frau Funk muss früh aufstehen.

2b Schreiben Sie die Sätze ins Heft und markieren Sie.

*Er **kann** nicht Tennis **spielen**.*

3 Markieren Sie die Formen von *können, müssen* und *wollen* in den Aufgaben 1a und 2a. Ergänzen Sie dann die Tabelle.

Ü5–10

	können	müssen	wollen
ich			
du	*kannst*	*musst*	*willst*
er/es/sie			*will*
wir	*können*	*müssen*	
ihr	*könnt*	*müsst*	*wollt*
sie/Sie	*können*		

4 Schreiben Sie Sätze.

Ü11–12

1. Herr Phan – müssen – bestellen – die Waren
2. können – Deutsch lernen – hier – ihr
3. leider – nicht kommen – können – wir
4. arbeiten – Frau Kuhn – nicht am Wochenende – wollen
5. wollen – wir – studieren – in Deutschland
6. die Rechnung – Sie – bezahlen – müssen
7. müssen – du – sprechen – langsam
8. sehen – ich – wollen – den Film

1. Herr Phan muss die Waren bestellen.

5 Ihr Beruf. Was ist für Sie wichtig? Schreiben Sie Sätze und erzählen Sie.

Ü13–16

Ich kann (nicht) ... Ich will (nicht) ... Ich muss (nicht) ...

draußen/drinnen arbeiten – mit den Händen arbeiten – auch am Abend arbeiten – im Team arbeiten – zu Hause arbeiten – um 6.00 Uhr morgens aufstehen – viel verdienen – Karriere machen – viele Kontakte haben – im Büro arbeiten – am Wochenende arbeiten – alleine arbeiten – viel telefonieren – viel reisen

Ich will nicht zu Hause arbeiten. Ich kann ...

6 Kannst du ...? Musst du ...? Willst du ...? Fragen und antworten Sie.

Kannst du Auto fahren? – *Ja, das kann ich.*

Wollen wir am Samstag zusammen kochen? – *Nein, am Samstag muss ich putzen.*

Musst du am Sonntag früh aufstehen? – *Nein, ich kann lange schlafen.*

können
1. Ich kann Englisch sprechen.
2. Ich kann heute Abend kommen. Ich habe Zeit.

können: schwimmen? – bald Urlaub machen? – den Akkusativ erklären?
wollen: Freunde besuchen? – zusammen grillen? – zusammen Hausaufgaben machen?
müssen: viel arbeiten? – am Abend arbeiten? – am Wochenende arbeiten?

B Ein Tag im Leben von Martina Steinert

1a Ü17

Lesen Sie die Sätze und ordnen Sie sie den Bildern zu.

1. Frau Steinert geht um acht Uhr aus dem Haus und fährt zur Arbeit.
2. Die Bank öffnet um neun Uhr. Am Vormittag hilft sie den Kunden.
3. Um halb eins hat sie Mittagspause. Dann geht sie mit ihren Kollegen essen.
4. Nach der Pause hat sie einen Termin beim Chef.
5. Um halb sechs kommt Frau Steinert von der Arbeit und fährt zum Supermarkt.
6. Am Abend geht sie mit den Kindern zum Basketballtraining.

1b Ü18

Markieren Sie in 1a die Ausdrücke mit *aus, bei, mit, nach, von* und *zu*.

Frau Steinert geht um acht Uhr aus dem Haus und fährt zur Arbeit.

!

Präpositionen mit Dativ

der Chef	**mit** de**m** Chef
	beim Chef
die Arbeit	**nach** de**r** Arbeit
	von de**r** Arbeit
	zur Arbeit
das Haus	**aus** de**m** Haus
die Kinder (Pl.)	**mit** de**n** Kinder**n**

zu dem → **zum** (zum Supermarkt)
zu der → **zur** (zur Arbeit)
bei dem → **beim** (beim Chef)
von dem → **vom** (vom Arzt)

2 Ü19+20

Ergänzen Sie die Sätze mit dem Dativ.

1. Sie geht zu r Post. (die Post)
2. Sie hat um elf Uhr einen Termin bei ___ ______. (der Friseur)
3. Frau Steinert kommt aus ___ ______. (das Büro)
4. Nach ___ ______ besucht sie einen Freund. (die Arbeit)

3

Und Sie? Machen Sie Notizen und berichten Sie.

Um acht Uhr fahre ich zur Arbeit …

4 Hören Sie die Dialoge und kreuzen Sie an: richtig oder falsch? 1.53

Dialog 1

	R	F
1. Beate hat einen Termin beim Arzt.	O	O
2. Danach geht sie zu einer Freundin.	O	O
3. Sie ist um vier Uhr zu Hause.	O	O

Dialog 2

	R	F
4. Tom kommt von der Arbeit.	O	O
5. Er geht zu einem Spanischkurs.	O	O
6. Michael geht zur Arbeit.	O	O

5 Wo? Wohin? Woher? Schreiben Sie Sätze mit Präpositionen wie im Beispiel.

Ü21

Wo ist Frau Kuhn?

1. der Friseur *Frau Kuhn ist beim Friseur.*
2. die Chefin ____________________
3. der Bäcker ____________________

Wohin geht Frau Kuhn?

1. der Supermarkt *Frau Kuhn geht zum Supermarkt.*
2. die Haltestelle ____________________
3. die Kita ____________________

Woher kommt Frau Kuhn?

1. der Supermarkt *Frau Kuhn kommt vom Supermarkt.*
2. die Post ____________________
3. die Arbeit ____________________

6 Wo waren Sie gestern? Wohin gehen Sie heute? Fragen und antworten Sie.

Ü22+23

Wo waren Sie gestern?

Chef – Friseur – Bäcker – Arbeit

Wohin gehen Sie heute?

Haltestelle – Kita – Supermarkt – Chef

!

Wo? → beim Arzt / bei der Chefin
Wohin? → zum Arzt / zur Schule
(!) Er fährt **nach** Stuttgart.
Woher? → vom Arzt / von der Chefin

C Rund ums Geld

1 Ordnen Sie die Wörter den Fotos zu.

Ü24

A das Girokonto **B** der Geldautomat **C** die EC-Karte **D** der Kontoauszug
E die Kontonummer (Konto-Nr.) und die Bankleitzahl (BLZ)

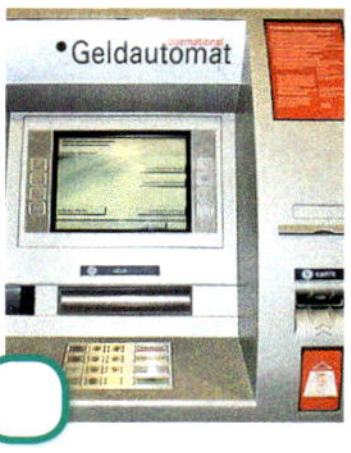

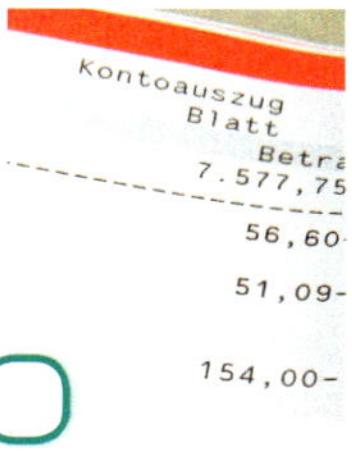

- Sie brauchen ein Konto für Ihr Gehalt?
- Sie wollen Rechnungen schnell und problemlos bezahlen?

Das Girokonto ist die Lösung! Ab 4 Euro Gebühr pro Monat.

2a Hören Sie das Telefongespräch. Kreuzen Sie an: Was ist richtig? 1.54

- O **A** Herr Kuhn will heute Basketball spielen.
- O **B** Er will die Kontonummer vom Basketballverein wissen.

2b Hören Sie noch einmal und ergänzen Sie die Informationen. 1.54

Bankverbindung Basketballverein Spandau

Konto-Nr: ________ *BLZ:* ________ *Berliner Sparkasse*

2c Füllen Sie für Herrn Kuhn das Überweisungsformular aus.

Ü25

Mitgliedsbeitrag 2009

96,00 Euro

Kontonummer von Herrn Kuhn: 2033107693

Überweisungsauftrag an
Dresdner Bank
Aktiengesellschaft

61699485

Bankleitzahl des Auftraggebers: 1 0 0 8 0 0 0 0

Bei Handschrift in Blockschrift und „GROSSBUCHSTABEN" ausfüllen.

Begünstigter: Name, Vorname/Firma (max. 27 Stellen)

Konto-Nr. des Begünstigten

Bankleitzahl

Kreditinstitut des Begünstigten: BERLINER SPARKASSE

EUR

Betrag: Euro, Cent

Kunden-Referenznummer - Verwendungszweck, ggf. Name und Anschrift des Überweisenden - (nur für Begünstigten)

noch Verwendungszweck (insgesamt max. 2 Zeilen à 27 Stellen)

Kontoinhaber/Einzahler: Name, Vorname/Firma, Ort (max. 27 Stellen, keine Straßen- oder Postfachangaben): KUHN, THOMAS

Konto-Nr. des Kontoinhabers

28

Blatt 2 Kopie für Auftraggeber

Ueb012 (1-2) 03.2007

Dispositionsvermerk:

Vergessen Sie bitte nicht das Datum und Ihre Unterschrift.

03.04.2009 — T. Kuhn

Datum — Unterschrift

7 Alles klar!

Kommunikation

1a Hören Sie den Dialog. Wann gehen Elena und Lydia ins Kino? 1.55

1b Hören Sie den Dialog noch einmal und kreuzen Sie an: richtig oder falsch? 1.55

	R	F
1. Am Mittwoch will Elena ihren Bruder besuchen.	○	○
2. Lydia muss am Mittwoch lange arbeiten.	○	○
3. Nach dem Kino muss Elena arbeiten.	○	○

2a Sie wollen mit Ihrem Partner / Ihrer Partnerin ins Kino gehen. Fragen und antworten Sie.

A

MO 25	15–22 Uhr arbeiten
DI 26	15:00 Uhr Spanisch lernen
MI 27	---
DO 28	20:00 Uhr Konzert

- Kannst du am Mittwochnachmittag?
- Da kann ich nicht. Ich muss ...

B

MO 25	17:00 Uhr Eltern besuchen
DI 26	17:00 Uhr arbeiten
MI 27	16:00 Uhr putzen
DO 28	15:00 Uhr arbeiten

- Da kann ich nicht. Ich will putzen. Kannst du am ...?

Wortschatz

3 Ordnen Sie die Berufe zu.

Lehrerin – Maler – Briefträgerin – Programmiererin – Kellner – Friseur

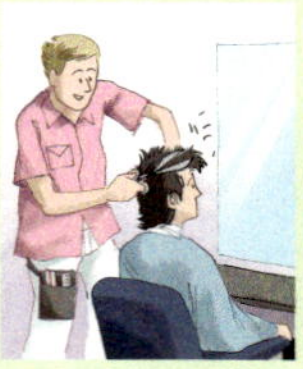

4 Welches Verb passt nicht? Streichen Sie.

1. **Arbeit:** suchen – finden – haben – spielen
2. **Geld:** überweisen – probieren – holen – haben
3. **Waren:** anrufen – verkaufen – bestellen – kaufen
4. **einen Laden:** öffnen – schließen – bestellen – haben
5. **die Bankleitzahl:** wissen – notieren – suchen – öffnen

5 Wie heißen die Wörter? Schreiben Sie die Wörter mit Artikel.

aus – Bank – EC- – Gi – Kar – kon – ~~Kon~~ – Kon – leit – ~~mer~~ – ~~num~~ – ro – sung – te – ~~to~~ – to – to – Über – wei – zahl – zug

1. *die Kontonummer*
2. ______
3. ______
4. ______
5. ______
6. ______

Grammatik

6 Schreiben Sie Sätze.

1. wollen: ihr – was – wissen? → *Was wollt ihr wissen?*
2. müssen: ihre Tochter – Frau Klasnic – abholen – vom Kindergarten.
3. wollen: ich – machen – Urlaub.
4. können: morgen – Sie – um 15 Uhr – kommen?
5. müssen: jetzt – schlafen – ihr.
6. wollen: du – wann – essen?

7 Ergänzen Sie die Sätze mit der passenden Präposition.

aus – von – zum – von – zu – aus – mit

1. Marines kommt ______ der Arbeit.
2. Wir fahren ______ einem Fußballspiel.
3. Er kommt ______ seiner Freundin.
4. Peter geht ______ dem Haus.
5. Herr Pamuk kommt ______ der Küche.
6. Frau Pamuk geht ______ ihrer Tochter ______ Arzt.

Flüssig sprechen

8 Hören Sie zu und sprechen Sie nach. 1.56

7 Gewusst wie

Kommunikation

Über Berufe und Arbeit sprechen
Ein Ladenbesitzer muss Waren bestellen.
Eine Sekretärin muss viel telefonieren.
Die Arbeitszeit bei der Bank ist von 9.00 Uhr bis 17.00 Uhr.

Sagen, was man kann, will oder muss
Ich kann gut Englisch sprechen.
Ich kann am Wochenende lange schlafen.
Wir müssen morgen früh aufstehen.
Ich will nicht draußen arbeiten.

Ein Überweisungsformular ausfüllen
- Wie heißt die Kontonummer?
- Die Kontonummer ist 255 412 4132 und die Bankleitzahl 501 90 000.

Grammatik

Modalverben

	können	müssen	wollen
ich	kann	muss	will
du	kannst	musst	willst
er/es/sie	kann	muss	will
wir	können	müssen	wollen
ihr	könnt	müsst	wollt
sie/Sie	können	müssen	wollen

Satzklammer bei Modalverben

Ich	kann	gut	lesen.
Meine Schwester	muss	jeden Tag früh	aufstehen.
Meine Eltern	wollen	nach Italien	fahren.

Präpositionen mit Dativ
aus, bei, mit, nach, von, zu mit Dativ
zu de**m** → zu**m**   bei de**m** → bei**m**
zu de**r** → zu**r**   von de**m** → vo**m**

Artikel im Dativ

		bestimmter Artikel	unbestimmter Artikel
m	der Laden	Sie geht **aus dem** Laden.	**aus einem** Laden
n	das Kind	Er spielt **mit dem** Kind.	**mit einem** Kind
f	die Schule	Sie kommt **von der** Schule.	**von einer** Schule
Pl.	die Freunde	Er fährt **zu den** Freunden.	**zu** Freunde**n**

Possessivartikel haben die gleiche Endung wie der unbestimmte Artikel.
aus meinem Laden, mit meinem Kind, von meiner Schule (!) zu meinen Freunden

Station 2

Wiederholung

1 Acht Situationen. Arbeiten Sie zu zweit. Wählen Sie drei Situationen aus, machen Sie Notizen und spielen Sie die Dialoge mit Ihrem Partner.

1. Fragen Sie nach der Uhrzeit.

2. Sie wollen mit einem Freund/einer Freundin ein Konzert besuchen. Machen Sie einen Termin.

3. Sie sind auf dem Markt und wollen Gemüse kaufen. Spielen Sie einen Dialog.

4. Sie wollen den Mitgliedsbeitrag für den Basketballverein überweisen. Rufen Sie an und fragen Sie nach den Bankdaten.

5. Was wollen Sie am Wochenende machen? Erzählen Sie.

6. Sie wollen heute Abend kochen. Machen Sie mit Ihrem Partner/Ihrer Partnerin die Einkaufsliste.

7. Sie haben einen Termin bei Ihrem Chef. Fragen Sie: Was müssen Sie heute machen?

8. Sie bekommen am Wochenende Besuch von einem Freund/einer Freundin. Machen Sie gemeinsam Pläne.

Station 2

Spiel und Spaß

2a Bilden Sie zwei Gruppen. Ordnen Sie die Wörter den Wortfeldern zu. Diskutieren Sie, wo die Wörter passen. Welche Gruppe ist schneller?

die Arbeitszeit
die Bäckerei
der Ball
die Bankleitzahl
die Bankverbindung
das Büro
das Computerspiel
die EC-Karte
das Ei
das Frühstück
der Geldautomat
das Girokonto
der Hausmeister
das Hobby
der Imbiss
das Kino
der Kontoauszug
das Konzert
die Mittagspause
der Markt
der Maler

Essen	Geld/Bank	Arbeit/Beruf	Freizeit
das Ei			

2b Lesen Sie die Wörter in 3a. Sie haben zwei Minuten Zeit. Schließen Sie das Buch. Wie viele Wörter können Sie mit Artikel aufschreiben?

2c Bilden Sie im Kurs vier Gruppen. Jede Gruppe macht ein Lernplakat mit weiteren Wörtern und Sätzen zu den Wortfeldern. Vergleichen Sie im Kurs.

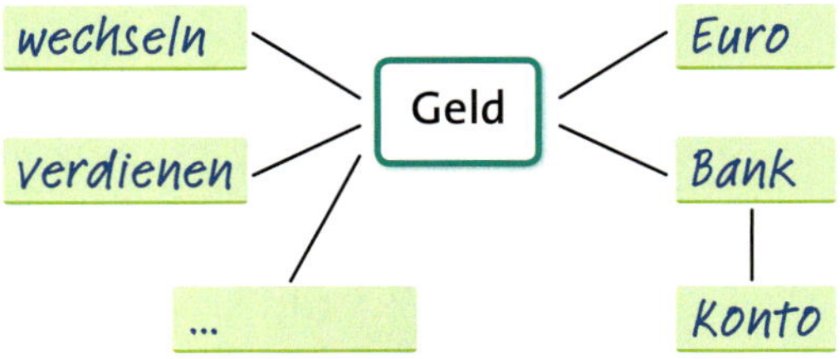

3 Berufe raten. Fragen und raten Sie im Kurs.

Sie lernen:
- *Körperteile benennen*
- *einen Termin beim Arzt machen*
- *eine Entschuldigung schreiben*
- *über Krankheiten sprechen*
- *Pronomen im Akkusativ*
- *das Modalverb „sollen"*

8

Gute Besserung!

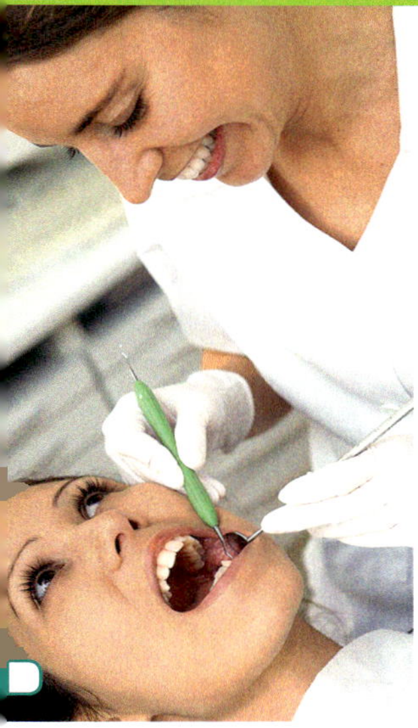

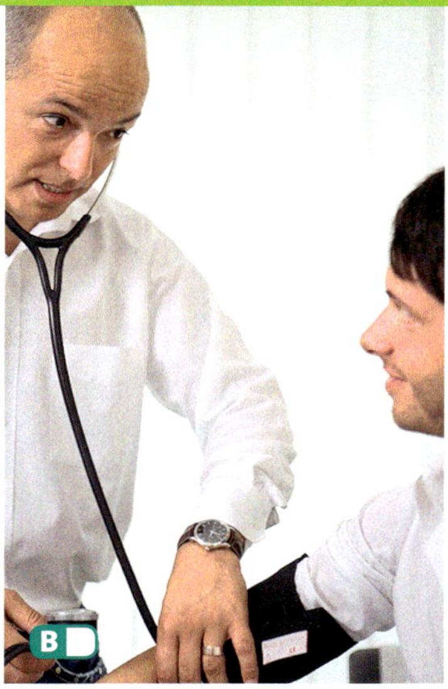

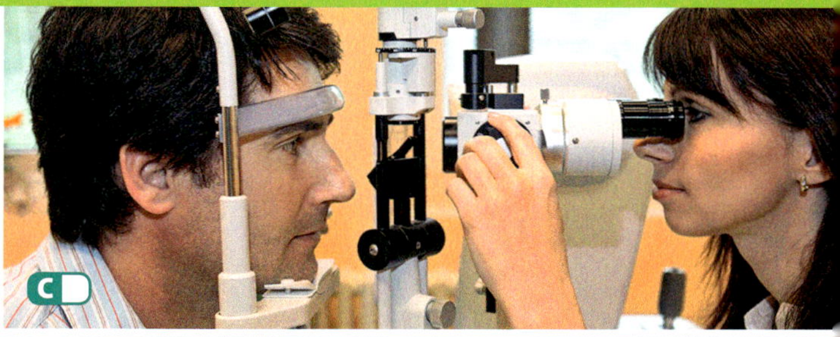

1a Ordnen Sie die Schilder den Fotos zu.

1 Dr. Linse Augenärztin

Mo/Di/Fr:	10.00 – 15.00
Mi:	geschlossen
Do:	09.00 – 18.00

2 Dr. Pille Kinderarzt

Mo/Di:	10.00 – 16.00
Mi/Fr:	08.00 – 18.00
Do:	08.00 – 12.00

3 Zahnärztin Dr. Bürste

Mo/Do:	08.00 – 17.00
Di/Mi:	13.00 – 18.00
Fr:	08.00 – 12.00

4 Hausarzt Dr. Wickel

Mo/Mi:	08.00 – 13.00
Di:	nach Vereinbarung
Do/Fr:	13.00 – 18.00

1b Wann haben die Ärzte Sprechzeiten? Fragen und antworten Sie im Kurs.

Ü1

Wann hat die Zahnärztin Sprechzeiten?

Am ... um ...

1c Zu welchem Arzt gehen Sie? Geben Sie Ihrem Partner/Ihrer Partnerin Tipps.

Ü2

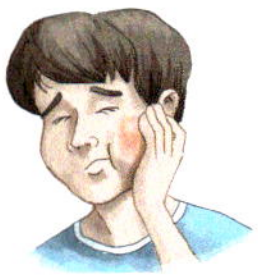

Zahnschmerzen

Halsschmerzen

Bauchschmerzen

schlecht sehen

Wie geht es dir?

Ich habe Zahnschmerzen.

Dann geh doch zum Zahnarzt.

A Ein Besuch beim Arzt

1a Ü3+4

Hören Sie und kreuzen Sie an: Wann hat Frau Zarda einen Termin? 2.2

A ○ heute um 9.00 Uhr B ○ am Montag um 9.00 Uhr C ○ morgen um 9.00 Uhr

- Praxis Dr. Wickel, Müller am Apparat, guten Tag.
- Guten Tag, mein Name ist Zarda. Ich hätte gern einen Termin.
- Ja, können Sie am nächsten Montag um neun Uhr?
- Am Montag? Ja, das geht.
- Sagen Sie mir bitte noch einmal Ihren Namen.
- Zarda, Z A R D A.
- Gut, Frau Zarda, dann bis Montag.
- Danke, auf Wiederhören.
- Auf Wiederhören.

1b Ü5

Hören Sie zwei weitere Dialoge und notieren Sie den Namen und den Termin. 2.3

Dialog 1 Frau ________ hat den Termin am ________ um ____ Uhr.

Dialog 2 Herr ________ hat den Termin am ________ um ____ Uhr.

1c Ü6

Machen Sie einen Termin beim Arzt. Spielen Sie Dialoge.

Zahnarzt: Sie möchten schnell einen Termin.
Kinderarzt: Sie möchten einen Termin für Ihren Sohn (drei Jahre).
Hausarzt: Sie möchten einen Termin für nächste Woche.

2a Ü7

Körperteile. Hören Sie und suchen Sie die Körperteile auf dem Bild. 2.4

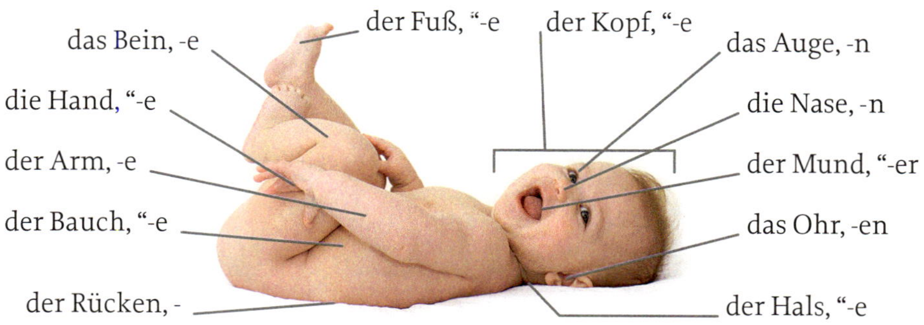

2b **Zeigen Sie einen Körperteil, der andere sagt das Wort.**

3a Im Sprechzimmer. Hören Sie zu: Was fehlt Herrn Hristov? 2.5

Ü8+9

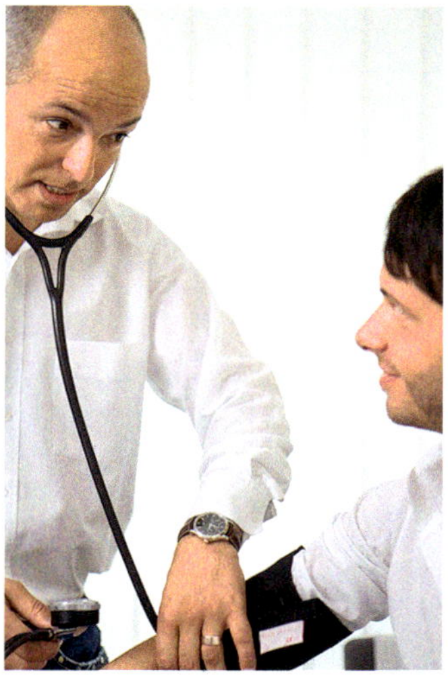

- Guten Tag, Herr Hristov. Was fehlt Ihnen denn?
- Ich bin erkältet, ich habe Schnupfen und Husten. Ich habe Halsschmerzen und mein Kopf tut weh. Und ich habe auch etwas Fieber.
- Dann wollen wir mal sehen. Machen Sie bitte den Mund auf. Ja, Sie haben eine Grippe und brauchen ein Antibiotikum. Ich schreibe Ihnen ein Rezept. Trinken Sie viel, am besten Tee, und nehmen Sie täglich Vitamin C. Bleiben Sie im Bett und schlafen Sie viel. Am Freitag kommen Sie bitte noch einmal zur Kontrolle.
- Vielen Dank, Herr Doktor.
- Auf Wiedersehen und gute Besserung!

3b Was sagt der Arzt? Was muss Herr Hristov machen? Sprechen Sie im Kurs.

1 

2 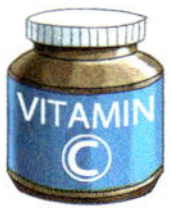

3 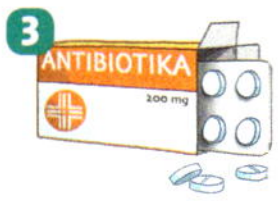

4 

5 

Trinken Sie viel Tee!

3c Vom Besuch beim Arzt erzählen. Herr Hristov kommt nach Hause und berichtet seiner Frau. Schreiben Sie Sätze wie im Beispiel.

Ü10+11

1. Der Arzt sagt, ich soll Tee trinken.
2. Der Arzt sagt, ich soll ______________________ .

4 Guten Tag, was fehlt Ihnen denn? Spielen Sie die Dialoge beim Arzt.

Situation 1 Rückenschmerzen – Schmerztabletten – Krankengymnastik machen – ruhen – nicht schwer heben – ...

Situation 2 Bauchschmerzen – wenig essen – im Bett bleiben – Tee trinken – ...

B Gesundheit in Deutschland

1 Welches Bild passt? Ordnen Sie zu.

Ü12

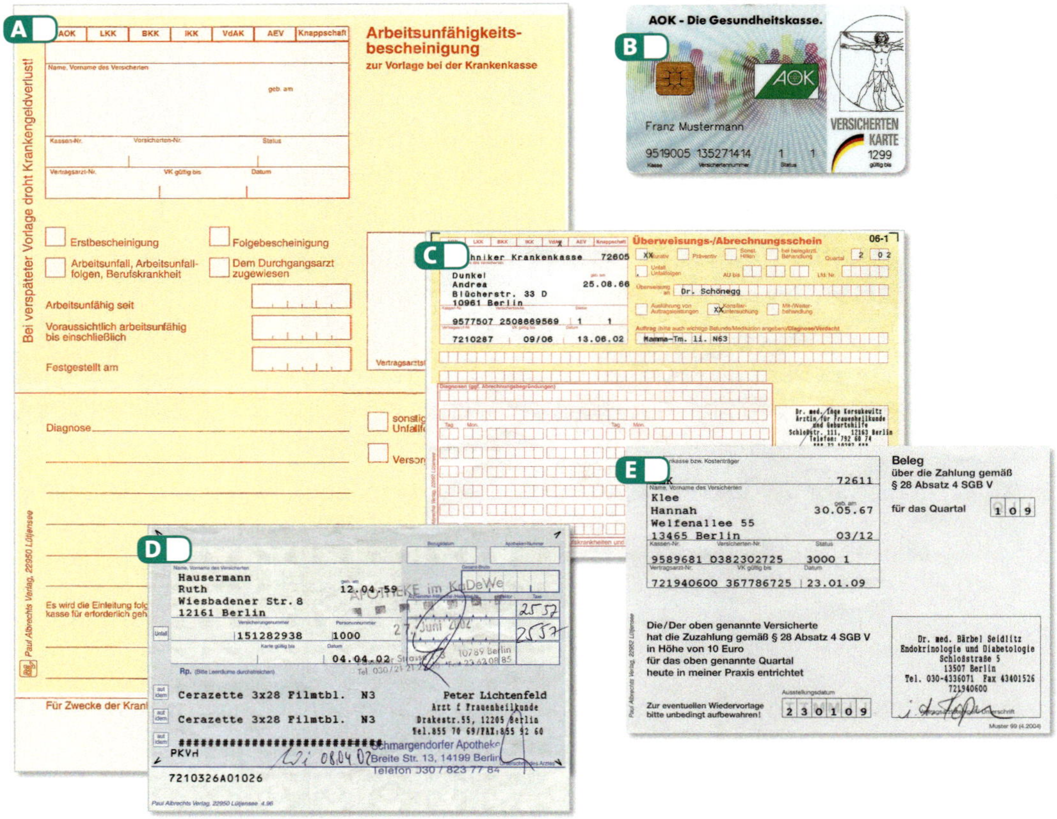

1. Die Versichertenkarte brauchen Sie für den Besuch beim Arzt.
2. Jedes Quartal müssen Sie 10 Euro Praxisgebühr beim Arzt bezahlen.
3. Der Arzt gibt Ihnen eine Krankschreibung. Das Original schicken Sie an Ihre Krankenkasse und die Kopie ist für Ihren Arbeitgeber.
4. Der Hausarzt schreibt eine Überweisung für das Krankenhaus oder den Facharzt.
5. Für viele Medikamente brauchen Sie ein Rezept. Mit dem Rezept gehen Sie in die Apotheke. Für die Medikamente müssen Sie oft etwas bezahlen.

2 Ärzte und Krankenversicherung. Tauschen Sie Informationen im Kurs.

Wie heißt Ihre Krankenversicherung?
Haben Sie eine Versichertenkarte?
Können Sie einen guten Arzt empfehlen?
Suchen Sie im Telefonbuch einen Hausarzt, einen Zahnarzt und einen Augenarzt.

Techniker Krankenkasse

BKK

BARMER

C Mein Kind ist krank

1 Hören Sie und kreuzen Sie an: Was ist richtig? 2.6

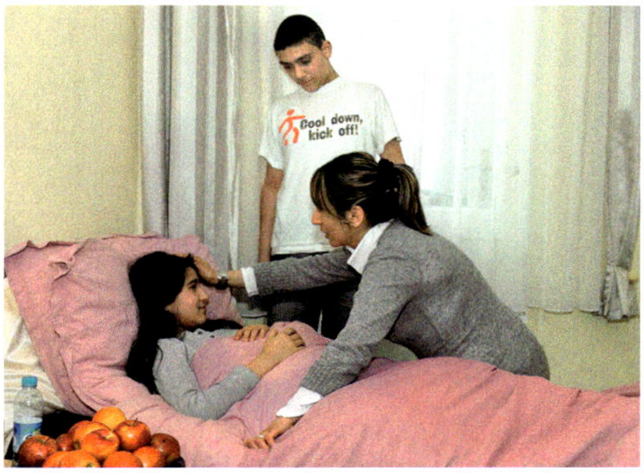

1. Wer ist krank?
A ☐ Die Mutter ist krank.
B ☐ Mahmut ist krank.
C ☐ Burcu ist krank.

2. Was hat sie?
A ☐ Sie hat Kopfschmerzen.
B ☐ Der Hals tut weh.
C ☐ Der Bauch tut weh.

3. Was macht Burcu heute?
A ☐ Burcu geht später zur Schule.
B ☐ Burcu geht nicht zur Schule und die Mutter schreibt eine Entschuldigung.
C ☐ Burcu und ihre Mutter gehen sofort zum Arzt.

4. Was macht die Mutter?
A ☐ Sie holt das Fieberthermometer und misst Fieber.
B ☐ Sie macht den Fernseher an.
C ☐ Sie gibt Medikamente.

> **i** Ein Kind fehlt drei Tage oder länger in der Schule: Sie brauchen eine Krankschreibung vom Kinderarzt.

2 Ergänzen Sie die Entschuldigung für die Schule.

Ü13

entschuldigen – Grüßen – Fieber – zum Unterricht – Tochter

Berlin, den ...

Sehr geehrter Herr Nolte,

meine ________ Burcu kann heute leider nicht ________ kommen. Sie hat ________.
Bitte ________ Sie das Fehlen von Burcu.
Mit freundlichen ________
Gülay Usta

3 Ihr Kind ist krank. Was machen Sie? Erzählen Sie im Kurs.

Ü14+15

Fieber messen – Tee kochen – Suppe kochen – Medikamente geben – eine Geschichte vorlesen – Schokolade kaufen

D Im Krankenhaus

A

B
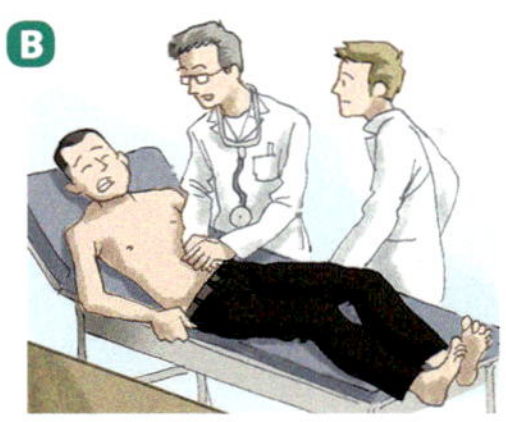
C

D

1a Ordnen Sie zu: Welches Bild passt zu welchem Text?

1. ◯ Herr Kuhn hat Bauchschmerzen. Ein Kollege bringt ihn zum Arzt. Der Hausarzt untersucht ihn: „Sie haben eine Blinddarmentzündung. Sie müssen sofort ins Krankenhaus."
2. ◯ Die Ärzte im Krankenhaus untersuchen ihn noch einmal und sagen: „Wir müssen Sie sofort operieren."
3. ◯ Am nächsten Tag geht es Herrn Kuhn schon besser. Seine Familie besucht ihn.
4. ◯ Nach fünf Tagen kann Herr Kuhn wieder nach Hause gehen. Er ruft seine Frau an: „Holst du mich morgen ab?" „Ja, klar. Wann soll ich dich abholen?" „Am besten um elf Uhr."

! Pronomen im Akkusativ

ich –	___
du –	___
er –	___
es –	es
sie –	sie
wir –	uns
ihr –	euch
sie –	sie
Sie –	___

1b Ergänzen Sie die Tabelle mit den markierten Pronomen im Text.

Ü16

1c Lesen Sie den Text noch einmal und beantworten Sie die Fragen.

1. Was hat Herr Kuhn?
2. Wann operieren ihn die Ärzte?
3. Wer besucht ihn?
4. Wann kann er nach Hause gehen?

2 Frau Kuhn ruft ihren Mann im Krankenhaus an. Spielen Sie Dialoge.

Ü17-20

anrufen
meinen Chef – meine Eltern – meine Schwester – mich jeden Tag

brauchen
dein Handy – deine Uhr – deinen Computer – deine Schuhe

Rufst du meinen Chef an?

*Ja, ich rufe **ihn** an.*

Brauchst du dein Handy?

*Nein, ich brauche **es** nicht.*

E 112 – der Notruf

1 Ü21

Lesen Sie die Regeln für einen Notruf.
Hören Sie dann den Dialog und ordnen Sie die Fragen zu. 2.7

Wichtige Regeln für einen NOTRUF

Jede/r muss helfen
und einen Notruf machen.
Sprechen Sie langsam und deutlich.
Sprechen Sie nach dem folgenden Schema:

1. **WER** ruft an?
2. **WO** ist der Notfall?
3. **WAS** ist passiert?
4. **WIE VIELE** Personen sind verletzt?
5. **WIE** ist die Situation?
6. **WARTEN** Sie auf Rückfragen!

(1) ◖ Mein Name ist Demirel.

( ) Es gibt einen Unfall.

( ) ◖ Wo sind Sie?
◖ Ich bin in der Bahnhofstraße Ecke Schillerstraße.

( ) ◖ Wie viele Personen sind verletzt?
◖ Ich glaube drei Personen: zwei Frauen und ein kleines Kind.

( ) ◖ Wie sind die Personen verletzt?
◖ Entschuldigung, ich spreche nicht gut Deutsch. Ich kann es nicht erklären. Bitte kommen Sie schnell, es ist dringend.
◖ Ich schicke einen Notarzt. Er kommt in wenigen Minuten.

( ) Bitte legen Sie nicht auf. Sagen Sie mir noch einmal Ihren Namen.
◖ Demirel.
◖ Und der Vorname? ...

2 Ü22

Spielen Sie Notruf-Dialoge.

Situation 1
Feuer im Haus – Adresse: Bergstraße 15 – im 2. Stock – man sieht keine Personen

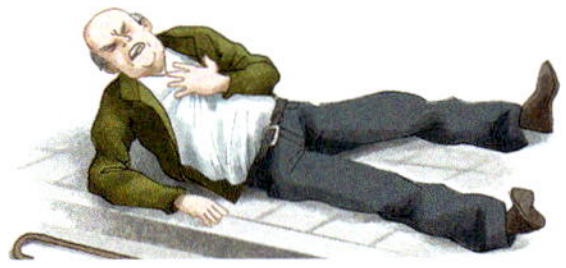

Situation 2
Schmerzen in der Brust – kann nicht sprechen – alter Mann

8 Alles klar!

Kommunikation

1 Frau Mohn möchte einen Termin für ihren Sohn. Ordnen Sie den Dialog und kontrollieren Sie mit der CD. 2.8

- ( ) Auf Wiederhören.
- ( ) Was hat Ihr Sohn denn?
- ( ) Ja, dann kommen Sie doch gleich vorbei. Wie lange brauchen Sie?
- (1) Praxis Dr. Müller, Evelyn Merk.
- ( ) Gut, Frau Mohn, dann um halb elf.
- ( ) Er hat Ohrenschmerzen und weint.
- ( ) Danke, auf Wiederhören.
- ( ) Ungefähr 20 Minuten.
- ( ) Guten Tag, ich hätte gern einen Termin für meinen Sohn.

2a Was fehlt den Personen? Schreiben Sie Sätze.

1 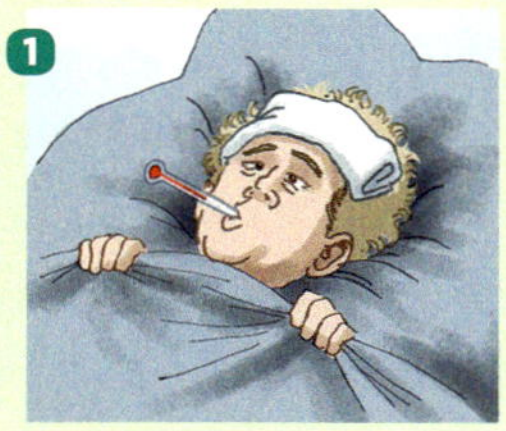

2 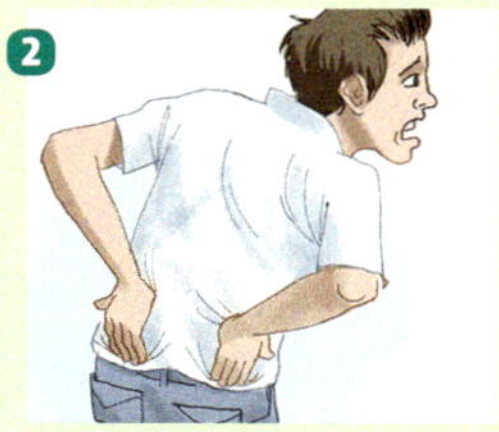

3 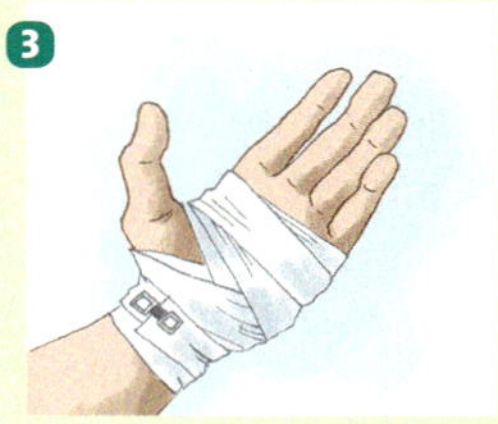

4 

2b Was sollen die Personen machen? Schreiben Sie Ratschläge.

3 Schreiben Sie eine Entschuldigung für die Schule.

Sehr geehrter Herr Nolte, – München, den 5.3.2009 – Mit freundlichen Grüßen
Bitte entschuldigen Sie – zum Unterricht kommen. – ~~Tobias~~ – kann heute leider nicht – das Fehlen von Tobias. – Er hat Fieber.

____

____

Tobias _______________

____

____

____

____

Wortschatz

4 Silbenrätsel. Bilden Sie Wörter und ergänzen Sie den Text.

Haus – ~~Bauch~~ – ope – un – Krank –
arzt – ~~schmer~~ – schrei – ~~zen~~ – sucht – ren – ter– bung – rie

Herr Kuhn hat plötzlich Bauchschmerzen. Er geht zu seinem ________.
Der Arzt ________ ihn und schreibt eine Überweisung für das Krankenhaus.
Die Ärzte im Krankenhaus ________ ihn. Herr Kuhn kann zwei Wochen nicht arbeiten. Der Arzt gibt ihm eine ________ für seinen Arbeitgeber.

Grammatik

5 Ergänzen Sie *sollen*.

1. Wie oft ________ du das Medikament nehmen?
   Der Arzt sagt, ich ________ es dreimal pro Tag nehmen.
2. Der Arzt sagt, ich ________ viel schlafen.
3. Tom, ihr macht morgen einen Ausflug mit dem Kurs. Was sagt die Lehrerin, was ________ ihr mitbringen?
   Wir ________ nur Essen und Trinken mitbringen.

6 Antworten Sie und ergänzen Sie die Pronomen im Akkusativ.

1. Hast du meinen Bleistift? Nein, ich habe ____ nicht.
2. Siehst du die Kinder? Nein, ich sehe ____ nicht.
3. Brauchst du das Buch? Nein, ich brauche ____ nicht.
4. Besuchst du uns heute? Nein, ich kann ____ heute leider nicht besuchen.
5. Bringst du ____ zur Schule? Nein, ich kann dich leider nicht bringen.

Flüssig sprechen

7 Hören Sie zu und sprechen Sie nach. 2.9

8 Gewusst wie

Kommunikation

Beim Arzt

- Ich hätte gern einen Termin.
- Ich habe Zahnschmerzen und möchte schnell einen Termin.
- Können Sie am nächsten Montag um neun Uhr?
- Ich habe einen Termin am Freitag um 18 Uhr.

- Was fehlt Ihnen?
- Sie müssen viel Tee trinken.
- Sie müssen im Bett bleiben.
- Ich bin erkältet und habe seit drei Tagen Halsschmerzen und Kopfschmerzen.
- Ich habe immer Rückenschmerzen.
- Meine Tochter ist krank. Sie hat Fieber und der Kopf tut weh.

Eine Entschuldigung schreiben

Sehr geehrter Herr Müller,
meine Tochter Sarafina kann heute leider nicht zum Unterricht kommen.
Sie ist krank. Bitte entschuldigen Sie das Fehlen von Sarafina.
Mit freundlichen Grüßen
Stella Lutter

Grammatik

Das Modalverb *sollen*

Der Arzt sagt, ich	soll	viel Tee	trinken.
Der Arzt sagt, ich	soll	im Bett	bleiben.
Wann	soll	ich die Tabletten	nehmen?

	sollen
ich	soll
du	sollst
er/es/sie	soll
wir	sollen
ihr	sollt
sie/Sie	sollen

Pronomen

Nominativ	Akkusativ
ich	mich
du	dich
er	ihn
es	es
sie	sie
wir	uns
ihr	euch
sie/Sie	sie/Sie

Die Ärzte untersuchen **den Patienten.**
Die Ärzte untersuchen **ihn.**

Ich esse **die Suppe** gern.
Ich esse **sie** gern.

Brauchst du **das Handy**?
Brauchst du **es**?

Sie lernen:

- Wege beschreiben und nach dem Weg fragen
- Regeln im Straßenverkehr beschreiben
- Verkehrsmittel benennen
- lokale Präpositionen
- Modalverb „dürfen“
- Das Pronomen „man“

9 Meine Wege durch die Stadt

1 Ordnen Sie die Verkehrsmittel zu. Hören Sie dann und sprechen Sie nach. 2.10

Ü1

(8) das Auto	( ) die U-Bahn	( ) die Straßenbahn
( ) der Bus	( ) das Motorrad	( ) der Zug
( ) das Schiff	( ) die S-Bahn	( ) das Flugzeug

2 Machen Sie eine Umfrage im Kurs. Welche Verkehrsmittel benutzen Sie?

Ü2+3

	täglich	manchmal	selten	nie
U-Bahn	~~IIII~~		I	
Fahrrad		III		II
Bus	II			

Wie oft fliegen Sie mit dem Flugzeug? — *Manchmal.*

Fährst du oft mit dem Fahrrad? — *Nein, nie.*

i Ich fahre **mit** dem Bus / dem Auto / der U-Bahn.
aber: Ich gehe **zu** Fuß.

A Der Weg zur Arbeit

1 Wege zur Arbeit. Lesen Sie die Texte und ergänzen Sie die Tabelle.

Ü4

1. Ich heiße Marco Schmidt. Ich wohne in Kleefeld und arbeite bei der Post. Ich brauche morgens eine Stunde zur Arbeit. Ich gehe zu Fuß zum Bahnhof. Dann fahre ich zuerst mit dem Zug nach Hannover und dann fahre ich mit der Straßenbahn zum Büro.

2. Ich bin Ariane Pampel. Ich wohne und ich arbeite in Berlin. Ich brauche nur 20 Minuten zur Arbeit. Zuerst fahre ich mit dem Fahrrad zur S-Bahn. Dann fahre ich zehn Minuten mit der S-Bahn zur Arbeit.

	Herr Schmidt	Frau Pampel
wohnt in ...		
arbeitet in ...		
fährt mit ...		
braucht ...		

2a Welche Verkehrsmittel benutzen die Personen? Hören Sie und ordnen Sie zu. 2.11

Ü5+6

A 

B 

C 

D 

E 

2b Hören Sie noch einmal. Wie lange brauchen Frau Sander und Herr Hoppe zur Arbeit? 2.11

Ü7

3 Ihre Wege. Erzählen Sie.

Wie kommen Sie zur Bibliothek?
Wie lange brauchen Sie?

Ich brauche eine halbe Stunde.
Ich gehe zu Fuß zur U-Bahn,
dann fahre ich zehn Minuten mit der U-Bahn.

B In der Stadt

1a Ü8

Mit der U-Bahn fahren. Hören Sie und ergänzen Sie die Informationen. 2.12

- Entschuldigung, wie komme ich zum Hauptbahnhof?
- Das ist weit, da müssen Sie die U-Bahn nehmen. Hier ist eine U-Bahn-station.
- Ja, und wie muss ich fahren?
- Nehmen Sie die Linie ______ Richtung Messe. Fahren Sie ______ Stationen bis zum Theaterplatz, dann steigen Sie um. Nehmen Sie die ______ Richtung Stadion. Dann sind es noch ______ Stationen und Sie sind am Bahnhof.
- Danke schön.
- Bitte, bitte.

1b

Lesen Sie noch einmal und zeichnen Sie den Weg in den U-Bahn-Plan ein.

1c Ü9–11

Den Weg beschreiben. Fragen und antworten Sie.

1. Adenauerplatz → Stadtwald **2.** Zoo → Stadtbad **3.** Südbahnhof → Flughafen

2

Projekt: Unsere Stadt. Sammeln Sie Informationen über Ihre Stadt und erzählen Sie.

Welche Verkehrsmittel gibt es?
Wo kann man Fahrkarten kaufen?
Was kostet eine Fahrkarte?
Was kostet eine Monatskarte?

3a Wo ist ...? Ergänzen Sie die Sätze.

Ü12+13

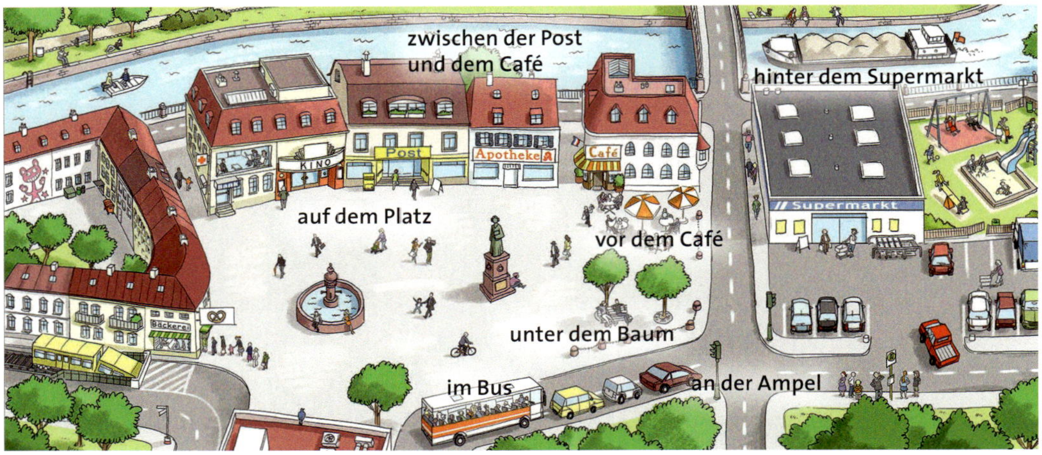

______ dem Café sind Tische.
______ dem Supermarkt ist ein Fluss.
______ dem Platz sind viele Leute.
______ Bus sind viele Leute.
______ dem Baum steht eine Bank.
______ der Post und dem Café ist eine Apotheke.
______ der Ampel stehen Autos.

!

Wo?

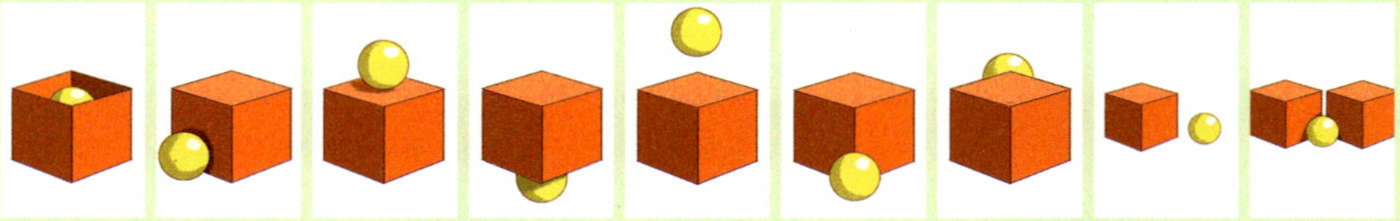

in *an* *auf* *unter* *über* *vor* *hinter* *neben* *zwischen* + Dativ

3b Beantworten Sie die Fragen.

Ü14–16

1. Wo ist der Bus?
2. Wo ist die Post?
3. Wo fährt das Schiff?
4. Wo ist der Spielplatz?
5. Wo trinken die Leute Kaffee?
6. Wo kaufen die Leute ein?

i in dem = im

3c Wo seid Ihr? Hören, lesen und variieren Sie den Dialog. 2.13

- Hallo, Martin. Wo seid ihr?
- Wir stehen vor dem Supermarkt. Wo bist du?
- Ich bin mit Lara auf dem Spielplatz.
- Ach so. Ich komme, ich bin gleich da.
- Okay, bis gleich.

im Café – am Fluss hinter dem Supermarkt – im Kino – an der Bushaltestelle – über der Bank beim Arzt

4a Ü17

Einladung. Hören Sie den Dialog und kreuzen Sie an: Was möchten Marines, Olga und Pedro machen? 2.14

A ○ Kaffee trinken und Kuchen essen
B ○ am Fluss spazieren gehen
C ○ Kaffee trinken und im Park spazieren gehen

4b Ü18–20

Hören Sie noch einmal und zeichnen Sie den Weg und das Haus in den Plan. 2.14

Olga: Wo wohnst du?
Marines: Ganz hier in der Nähe, das könnt ihr ganz einfach finden. Geht hier von der Sprachschule die Straße nach links, immer geradeaus. Die zweite Straße geht ihr nach rechts bis zur ersten Kreuzung, dann sofort wieder nach links. Mein Haus ist auf der linken Seite, gleich rechts neben der Bäckerei.

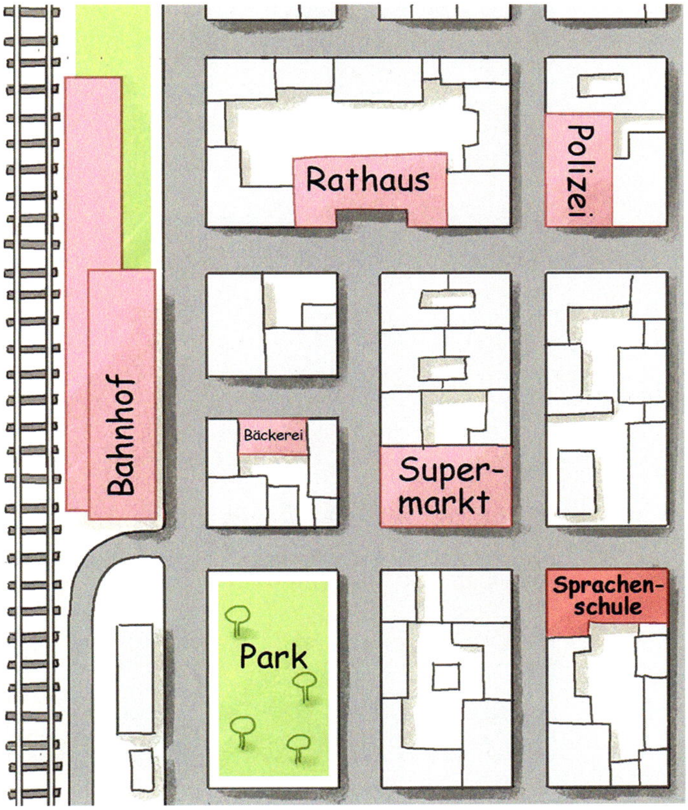

4c

Hören Sie die Dialoge und zeichnen Sie den Weg und das Haus in den Plan. 2.15

5 Ü21

Zeichnen Sie ein Haus in den Plan. Beschreiben Sie den Weg. Der Partner / Die Partnerin zeichnet den Weg.

Besuch mich doch mal.

Ja, gern.
Wo wohnst du?

C In der Fahrschule

1 Haben Sie einen Führerschein? Dürfen Sie in Deutschland Auto fahren? Erzählen Sie im Kurs.

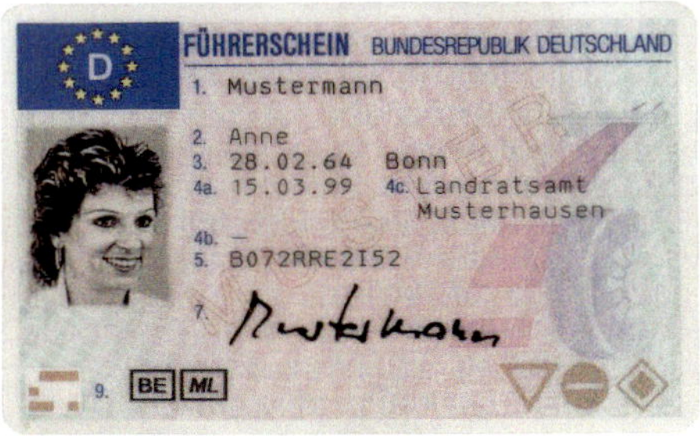

2a Wer darf zuerst fahren? Lesen Sie den Dialog: Was ist richtig?

Ü22+23

dürfen

ich darf	wir dürfen
du darfst	ihr dürft
er/es/sie darf	sie/Sie dürfen

Marines: Wer darf zuerst fahren?
Olga: Ich glaube, der Traktor hat Vorfahrt. Er kommt von rechts.
Dimitri: Nein, die Straßenbahn und ich haben Vorfahrt. Wir haben ein Vorfahrtsschild. Die Straßenbahn darf zuerst fahren, dann darf ich fahren. Der Traktor muss warten.

2b Wer hat Vorfahrt? Wer darf zuerst fahren? Fragen und antworten Sie.

Ü24

das Auto – der Bus – das Fahrrad – das Motorrad – der LKW

3 Kinder im Verkehr. Lea hatte heute in der Schule Verkehrsunterricht. Hören Sie das Gespräch und ergänzen Sie die Zahlen. 2.16

Kinder bis ___ Jahre müssen auf dem Bürgersteig fahren.
Kinder mit ___ Jahren dürfen auf dem Bürgersteig fahren.
Kinder mit ___ Jahren dürfen auf der Straße fahren.
Kinder ab ___ Jahren müssen auf der Straße fahren.

4 Ü25+26

Schilder. Was muss, was darf man hier (nicht) tun?

parken – anhalten – rechts abbiegen – links abbiegen – geradeaus fahren – rauchen – weiterfahren – 30 fahren – blinken – um die Ecke fahren – langsam fahren – essen

Bei Nummer zwei darf man nicht abbiegen.

Bei Nummer sieben muss man blinken.

5

Der Führerschein. Lesen Sie den Infotext und kreuzen Sie an: richtig oder falsch?

DER FÜHRERSCHEIN MIT 17

Jugendliche dürfen schon mit 17 Jahren den Führerschein machen. Sie dürfen dann aber nicht alleine fahren. Ein Erwachsener muss mitfahren. Der Erwachsene muss mindestens 30 Jahre alt sein und muss schon fünf Jahre den Führerschein haben. Die Jugendlichen können mit dem Erwachsenen zusammen schon üben und mit 18 Jahren bekommen sie dann den richtigen Führerschein und dürfen alleine fahren.

	R	F
1. Jugendliche mit 17 dürfen eine Führerscheinprüfung machen.	☒	☐
2. Jugendliche mit 17 dürfen alleine Auto fahren.	☐	☐
3. Der Erwachsene muss einen Führerschein haben.	☐	☐
4. Mit 18 Jahren müssen sie noch eine Prüfung machen.	☐	☐

9 Alles klar!

Wortschatz

1 Was passt zusammen? Schreiben Sie die Wörter mit Artikel.

Bahn	1	A	rad	der Bahnhof
Spiel	2	B	schein	
Park	3	C	bahn	
Motor	4	D	platz	
U-Bahn-	5	E	hof	
Führer	6	F	platz	
Straßen	7	G	haus	
Rat	8	H	Station	

2 *An, auf, unter, hinter, neben* oder *zwischen*? Ordnen Sie zu.

1. ______ 2. ______ 3. ______ 4. ______ 5. ______ 6. ______

Kommunikation

3 Schreiben Sie zu jeder Zeichnung einen Satz. Die Wörter unten helfen.

1. Gehen Sie
2. Gehen Sie
3. Gehen Sie
4. Gehen Sie

nach links – nach rechts – geradeaus – bis zur Kreuzung – an der ersten Kreuzung – an der zweiten Kreuzung

4 Was bedeuten die Schilder? Sprechen Sie im Kurs.

parken – links abbiegen – mit dem Handy telefonieren – Eis essen – 50 fahren

Hier darf man parken.

Grammatik

5 Ergänzen Sie die Sätze mit der richtigen Form von *dürfen*.

1. ◖ Mama, ______ wir heute ins Kino gehen?
   ◖ Ja, macht aber erst die Hausaufgabe, dann ______ ihr.
2. ◖ Entschuldigung, hier im Zug ______ Sie nicht rauchen.
3. ◖ ______ ich hier parken?
   ◖ Nein, ich glaube, hier ______ man nicht parken. Sieh mal da das Schild.

6 Wo ist was? Ergänzen Sie die Präposition mit Artikel im Dativ.

1. Der Vogel ist ______ ______ Baum.
2. Das Mädchen ist ______ ______ Baum.
3. Der Junge spielt ______ ______ Autos ______ ______ Parkplatz.
4. Ein Auto fährt ______ ______ Straße.
5. ______ Auto sitzen fünf Leute.
6. Die Ampel ist rot, sie müssen ______ ______ Ampel halten.

Flüssig sprechen

7 Hören Sie zu und sprechen Sie nach. 2.17

9 Gewusst wie

Kommunikation

Den Weg zur Arbeit beschreiben

Ich fahre mit dem Bus zur Arbeit.
Ich brauche eine halbe Stunde.

Ich gehe zu Fuß zur U-Bahn, dann fahre ich zehn Minuten mit der U-Bahn.

Regeln im Straßenverkehr

Der Bus darf zuerst fahren.
Das Auto muss warten.
Hier darf man nicht parken.
Kinder bis zehn Jahre dürfen nicht mit dem Fahrrad auf der Straße fahren.
Jugendliche dürfen mit 17 den Führerschein machen.

Den Weg beschreiben und nach dem Weg fragen

Entschuldigung, wie komme ich zum / zur ...?	Nehmen Sie die U-Bahn Linie 1 Richtung Flughafen. Fahren Sie drei Stationen bis zum Hauptbahnhof. Dann müssen Sie umsteigen. Dann sind Sie am Krankenhaus.
Wo wohnst du denn? Wie komme ich zu deinem Haus?	Geh die Straße nach links / nach rechts / geradeaus. An der ersten / zweiten / dritten Kreuzung nach links/rechts. Dann (sofort) wieder nach rechts/links. Links/Rechts ist ... Gleich links neben / rechts neben ...

Grammatik

Mit + Dativ

Ich fahre **mit dem** Auto,
mit dem Bus, **mit der** U-Bahn.
(!) Ich gehe **zu Fuß**.

Wo? – *in, an, auf, unter, über, vor, hinter, neben, zwischen* + Dativ

Die Kinder spielen **auf dem** Spielplatz.
Das Kino ist **neben der** Bank.
Am Haus ist ein Bild.

in dem → im   an dem → am

Modalverb *dürfen*

	dürfen
ich	darf
du	darfst
er/es/sie/man	darf
wir	dürfen
ihr	dürft
sie/Sie	dürfen

Man

man = alle Leute, jeder
Hier muss **man** links abbiegen.

Sie lernen:

- über Ihr Leben früher sprechen
- eine Postkarte schreiben
- über Alltagsaktivitäten sprechen
- von einer Reise erzählen
- Perfekt
- Präposition „seit“

10

Mein Leben

1 früher

3 früher

5 früher

2 heute

4 heute

6 heute

1 Das Leben von Kia Chung und Carlos Soto. Fragen und antworten Sie.

Ü1+2

1. Was war Carlos Soto früher von Beruf?
2. Was ist er heute von Beruf?
3. Wo war Carlos Soto früher?
4. Wo ist Kia Chung heute?
5. War sie früher verheiratet?
6. Wie viele Kinder hat Kia Chung heute?

früher	heute
Verkäufer	Taxifahrer
in einer Großstadt	in einer Kleinstadt
ledig	verheiratet
keine Kinder	zwei Kinder

2 Was war früher? Was ist heute? Sammeln Sie im Kurs.

Ü3+4

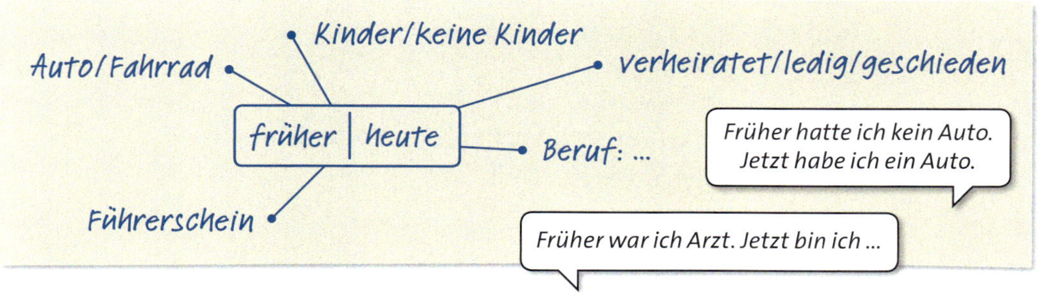

A Gestern und heute

1a Natascha. Lesen Sie die Sätze und ordnen Sie sie den Bildern zu.

1. Heute räumt sie zu Hause auf.
2. Gestern hat Natascha vom Urlaub geträumt.
3. Heute kauft sie Gemüse und Obst auf dem Markt ein.
4. Gestern hat Natascha eine Fertigpizza gemacht.
5. Gestern hat Natascha das Büro aufgeräumt.
6. Gestern hat Natascha im Büro gearbeitet.
7. Gestern hat Natascha im Supermarkt eingekauft.
8. Heute arbeitet sie nicht.
9. Heute kocht sie mit einer Freundin.
10. Heute sucht sie im Internet Reiseangebote.

1b Gestern oder heute? Machen Sie eine Tabelle und ordnen Sie die Sätze.

gestern	heute
Gestern hat Natascha im Büro gearbeitet.	Heute arbeitet ...

1c Hören Sie die Sätze und vergleichen Sie mit Ihrer Tabelle.
Lesen Sie dann die Sätze zu zweit. 2.18

ÜS

2 Ergänzen Sie die Partizipien aus 1a.

Ü6

Perfekt

Was	hat	Natascha gestern	gemacht	?
Gestern	hat	Natascha im Supermarkt	eingekauft	.

regelmäßige Partizipien

ge ... (e)t	... ge ... t
getträumt	eingekauft
______	______
______	

3 Regelmäßige Verben. Ergänzen Sie das Partizip und die Sätze.

Ü7

Infinitiv	Partizip					
lernen	gelernt	Ich	habe	gestern viel	gelernt	.
spielen	______	Er	______	gestern Fußball	______	.
reden	______	Ihr	______	viel	______	.
hören	______	Wir	______	am Wochenende viel Musik	______	.
kochen	______		______	ihr schon das Abendessen	______	?
abholen	______	Sie	______	die Kinder vom Kindergarten	______	.
machen	______		______	du die Hausaufgaben	______	?

4 Hören Sie zu und sprechen Sie nach. 2.19

1. Ich habe eingekauft.
   Ich habe gestern eingekauft.
   Ich habe gestern im Supermarkt eingekauft.
   Ich habe gestern im Supermarkt Obst eingekauft.
   Ich habe gestern im Supermarkt Obst und Gemüse eingekauft.
2. Ich habe gekocht. (gestern/mit einer Freundin/Reis/und Gemüse)

5 Fragen und antworten Sie.

Ü8–10

Haben Sie gestern eingekauft? — *Ja, ich habe ...*

Hast du gestern gearbeitet? — *Nein, ich habe nicht ...*

mit den Kindern gespielt – Musik gehört – Karten gespielt – Sport gemacht – Essen gekocht – Radio gehört – die Wohnung aufgeräumt – mit Freunden geredet

B Unterwegs

1 Lesen Sie die Postkarte und kreuzen Sie an: richtig oder falsch?

Liebe Claudia,

viele Grüße aus Wien! Ich bin mit den Kindern zu meinem Bruder gefahren. Markus ist leider nicht mitgekommen. Er hatte keine Zeit.
Wir haben viel gemacht. Am ersten Tag haben wir den Prater gesehen, wir sind mit einem Schiff auf der Donau gefahren und wir sind spazieren gegangen. Gestern sind wir zu Hause geblieben. Wir waren müde. Die Kinder haben lange geschlafen und ich habe viel gelesen. Dann haben wir bei meinem Bruder gemütlich gegessen und getrunken. Heute geht es wieder los. Wir wollen einen Ausflug nach Semmering machen.

Liebe Grüße von Simone

	R	F
1. Simone ist in Wien.	O	O
2. Markus und die Kinder sind auch in Wien.	O	O
3. Sie haben schon viel gesehen.	O	O

2 Hören Sie und kreuzen Sie an: Was ist passiert? 2.20

1. A O Markus ruft Simone an.
   B O Simone ruft Markus an.
   C O Claudia ruft Simone an.
2. A O Simone kann den Autoschlüssel nicht finden.
   B O Das Auto ist kaputt.
   C O Markus braucht das Auto.
3. A O Simone möchte schnell zurückfahren.
   B O Markus soll schnell anrufen.
   C O Markus möchte auch nach Wien kommen.

3a Perfekt mit *haben* oder *sein*. Markieren Sie das Perfekt in der Postkarte und schreiben Sie die Sätze in eine Tabelle.

Ü11+12

Perfekt mit sein	Perfekt mit haben
Ich bin mit den Kindern zu meinem Bruder gefahren.	Wir haben viel gemacht.
Markus ist leider ...	Am ersten Tag haben ...

3b Unregelmäßige Partizipien. Wie heißt der Infinitiv?

Ü13

essen	gegessen		gefahren		gesehen
	getrunken		gegangen		geblieben
	geschlafen		gelesen		mitgekommen

4 Schreiben Sie Sätze im Perfekt.

Ü14

1. Markus – nach Wien – gekommen

____

2. Sie – zusammen nach Semmering – gefahren

____

3. Sie – das Schloß in Wien – gesehen

____

5 Üben Sie zu zweit.

arbeiten – essen – fahren – gehen – schlafen – lesen – lernen – machen – bleiben – trinken

6 Was haben Sie am letzten Wochenende gemacht? Erzählen Sie.

Ü15+16

mit der Familie	gesehen
bei Freunden	gegessen
im Supermarkt	gespielt
auf dem Markt	Tee getrunken
Karten	... gekauft
einen Film	eingekauft

ins Kino	gegangen
nach Hause	gefahren
in die Disko	
zu Freunden	
zu meiner Familie	
in die Stadt	

C Mein Leben früher und heute

1a Stationen im Leben von Herrn Soto. Schreiben Sie zu jedem Bild einen Satz.

Ü17

A) Herr Soto hat drei Kinder.
B) Er

1b Hören Sie das Interview und bringen Sie die Bilder in die richtige Reihenfolge. 2.21

1c Hören Sie noch einmal und kreuzen Sie an: Was ist richtig? 2.21

Ü18

1. In wie vielen Orten hat Herr Soto schon gelebt?
   - A ○ In vier Orten.
   - B ○ In drei Orten.
   - C ○ In zwei Orten.
2. Wo hat er Deutsch gelernt?
   - A ○ Er hat in Costa Rica gut Deutsch gelernt.
   - B ○ Er hat in Frankfurt Deutsch gelernt.
   - C ○ Er macht jetzt einen Deutschkurs.
3. Was ist er von Beruf?
   - A ○ Verkäufer.
   - B ○ Taxifahrer.
   - C ○ Reinigungskraft.
4. Wo macht er Urlaub?
   - A ○ Er macht keinen Urlaub. Er hat keine Zeit.
   - B ○ Er macht Urlaub in Deutschland.
   - C ○ Er macht Urlaub in Costa Rica.

2 Jahreszahlen. Schreiben Sie die Jahreszahlen und lesen Sie sie laut.

> **i**
> **1989** neunzehnhundertneunundachtzig
> **2001** zweitausendeins

1978 *neunzehnhundertachtundsiebzig*

1996 ______

2005 ______

1986 ______

2000 ______

2009 ______

3a Ein Interview. Was passt zusammen? Schreiben Sie Fragen. Es gibt viele Möglichkeiten.

Ü19

Haben Sie	sind Sie nach Deutschland gekommen?
Wo	auf dem Land oder in einer Stadt gelebt?
Wann	haben Sie gearbeitet?
Wie lange	haben Sie Deutsch gelernt?
Seit wann	haben Sie früher gelebt?
	in Deutschland schon gearbeitet?
	wohnen Sie hier in ...?

> **!**
> **seit ... → heute**
> Seit wann wohnt er in Deutschland?
> Er wohnt seit 2005 in Deutschland.

3b Machen Sie ein Interview mit Ihrem Partner / Ihrer Partnerin und berichten Sie im Kurs.

4 Projekt: Perfekt-Plakat. Sammeln Sie Verben, schreiben Sie die Perfektform und malen Sie ein Bild dazu.

10 Alles klar!

Kommunikation

1 Eva schreibt an Martin. Ordnen Sie die Satzteile und schreiben Sie die Postkarte.

Eva – ~~Lieber Martin,~~ – Viele Grüße – Das Wetter ist – Am Samstag komme ich – viel Spaß. – wieder zurück. – seit drei Tagen bin ich – super und wir haben – hier bei meiner Freundin Clara in München.

Lieber Martin,

____

____

____

____

____

____

Martin Schönfelder
Steinpleiser Weg 14
08056 Zwickau

2 Hören Sie den Anrufbeantworter und sprechen Sie eine Nachricht für Ihre Freunde. 2.22

Wortschatz

3 Gegensätze. Welches Wort passt?

Kleinstadt – ledig – schwer – früher

1. Die Arbeit ist nicht einfach, sie ist sehr __________.
2. Jetzt ist er in Europa, __________ war er in Asien.
3. Frankfurt ist eine Großstadt. Assenheim ist sehr klein, es ist eine __________.
4. Jetzt bin ich verheiratet, aber vor einem Jahr war ich noch __________.

Grammatik

4 Schreiben Sie Sätze ins Heft.

1. Gestern / er / hat / gearbeitet / lange im Büro.
2. Nach der Arbeit / eingekauft / hat / er / für das Wochenende.
3. Dann / mit einem Freund / er / hat / gegessen.
4. Nach dem Essen / in die Disko / gegangen / sie / sind.
5. Er / nach Hause gekommen / ist / erst um drei Uhr.
6. Er / sehr müde / war / und er / geschlafen / sofort / hat.

5 Diese Verben sind regelmäßig. Ergänzen Sie das Partizip.

kaufen	gekauft	spielen	______	lernen	______
arbeiten	______	einkaufen	______	abholen	______
machen	______	aufräumen	______	reden	______

6 Diese Verben sind unregelmäßig. Kennen Sie das Partizip? Ergänzen Sie.

schlafen	geschlafen	gehen	______	fahren	______
bleiben	______	trinken	______	essen	______
lesen	______	mitkommen	______	sehen	______

7a Welche Verben bilden das Perfekt mit *sein*? Markieren Sie.

kaufen lesen kommen gehen lernen schlafen fahren bleiben reden

7b Ergänzen Sie die Sätze mit den Verben aus 7a.

1. Wann ist er nach Deutschland ______ ?
2. Gestern bin ich zu Fuß in die Stadt ______ .
3. Wir sind in den Ferien in die Heimat ______ .
4. Wir sind drei Wochen dort ______ .

7c Schreiben Sie fünf Sätze mit den Verben aus 7a.

Flüssig sprechen

8 Hören Sie zu und sprechen Sie nach. 2.23

10 Gewusst wie

Kommunikation

Über Ihr Leben früher sprechen

Früher habe ich in einem Dorf gelebt.
Meine Familie hatte ein Haus.
Das Leben war sehr schwer.
Dann habe ich in einer Stadt gelebt.
Das war sehr interessant.

Über Alltagsaktivitäten sprechen

Gestern habe ich lange geschlafen.
Dann habe ich auf dem Markt eingekauft.
Zu Hause habe ich aufgeräumt.
Am Abend bin ich ins Kino gegangen.

Von einer Reise erzählen

Wir sind nach Wien gefahren.
Wien ist toll. Wir haben viele Ausflüge gemacht. Wir haben viel gesehen.

Einen Brief oder eine Postkarte schreiben (informell)

Anrede: Liebe Eva, / lieber Martin,
Text: ...
Gruß: Viele Grüße
Unterschrift: Simone

Grammatik

Perfekt: *haben/sein* + Partizip

	haben/sein		**Partizip am Ende**
Er	hat	in einer Großstadt	gelebt.
Wann	sind	Sie nach Deutschland	gekommen?
Ich	bin	1995 nach Deutschland	gekommen.
	Haben	Sie gestern auf dem Markt	eingekauft?

Regelmäßige Partizipien

ge...(e)t: **ge**mach**t**, **ge**lern**t**, **ge**spiel**t**, **ge**arbeit**et**, **ge**leb**t**, ...
...ge...(e)t: ab**ge**hol**t**, ein**ge**kauf**t**, auf**ge**räum**t**, ...

Unregelmäßige Partizipien

schlafen – hat geschlafen
kommen – ist gekommen
trinken – hat getrunken
lesen – hat gelesen
fahren – ist gefahren
gehen – ist gegangen
essen – hat gegessen
bleiben – ist geblieben
sehen – hat gesehen

Präposition *seit*

seit ... → heute
Er ist seit 1995 in Deutschland.

Sie lernen:
- Fragen stellen und etwas erklären
- sich bedanken
- um Hilfe bitten und auf Bitten reagieren
- Datum
- Personalpronomen im Dativ
- „für" + Akkusativ

11 Ämter und Behörden

A Agentur für Arbeit

B Familienkasse

C Kfz-Zulassungsstelle

D Standesamt

1a Was kann man hier tun? Ordnen Sie zu.

Ü1+2

~~heiraten~~ – das Auto anmelden und abmelden – Kindergeld beantragen – eine Berufsberatung bekommen

Foto A ______________ Foto C ______________
Foto B ______________ Foto D *heiraten*

1b Wo ist das? Hören Sie die Dialoge und ordnen Sie sie den Fotos zu. 2.24

2 Welche Behörden kennen Sie in Ihrem Wohnort? Sprechen sie im Kurs.

Für mich ist das Bürgeramt sehr wichtig. Da ist auch das Ausländeramt.

Ich wohne in Merzhausen. Das ist ein Dorf. Hier sind alle Ämter und Behörden im Rathaus.

A Bei der Meldestelle

1a Ein Formular. Lesen Sie die Aussagen und kreuzen Sie an: richtig oder falsch?

ANMELDEBESTÄTIGUNG			
Neue Wohnung		**Alte Wohnung**	
Tag des Einzugs 01.09.08		Straße, Hausnummer Vaubanallee 37	
Straße, Hausnummer Luckenbachweg 15		Gemeinde Freiburg	
Gemeinde Freiburg			
Vermieter Bauverein Breisgau			
Die Wohnung ist:	Hauptwohnung X	Nebenwohnung	
Familienname Lopez	Vorname Guiseppe	männl. X weibl.	Geburtsdatum 12.10.73
Geburtsort Madrid/Spanien	Familienstand ledig	berufstätig ja X nein	Staatsangehörigkeit spanisch

	R	F
1. Herr Lopez hat früher im Luckenbachweg gewohnt.	○	⊗
2. Herr Lopez ist 1973 geboren.	○	○
3. Herr Lopez ist in Deutschland geboren.	○	○
4. Herr Lopez ist Spanier.	○	○

1b Wichtige Informationen in Formularen. Ergänzen Sie die Sätze.

Ü3

Tag des Einzugs – ~~Geburtsdatum~~ – Vermieter – Familienstand – Gemeinde – Hauptwohnung – Staatsangehörigkeit – Geburtsort

1. Ich bin in Madrid geboren. Das ist mein ______.
2. Ich bin am 12.10.1973 geboren. Das ist mein *Geburtsdatum*.
3. Ich bin nicht verheiratet, ich bin ledig. Das ist mein ______.
4. Meine ______ ist spanisch.
5. Meine Wohnung ist im Luckenbachweg 15. Das ist meine ______. Ich habe keine andere Wohnung.
6. Ich miete die Wohnung. Der Bauverein Breisgau ist mein ______.
7. Ich wohne seit dem 1.9.2008 in der Wohnung. Das ist der ______.
8. Eine Stadt oder ein Dorf nennt man auch ______.

2 Datum. Ergänzen Sie.

Ü4

1 – 19 + *ten*

am 1. – am **ersten**
am 2. – am zwei *ten*
am 3. – am **dritten**
am 4. – am vier ______
am 5. – am fünf ______
am 6. – am sechs ______
am 7. – am **siebten**
am 8. – am **achten**
am 9. – am neun ______
am 10. – am zehn ______

ab 20 + *sten*

am 20. – am zwanzig *sten*
am 21. – am einundzwanzig ______
am 22. – am zweiundzwanzig ______
am 30. – am dreißig ______
am 31. – am einunddreißig ______

i

Das Geburtsdatum sagt man so:
Guiseppe Lopez ist am 12. 10. 1973 geboren.
Er ist am zwölf**ten** Zehn**ten** neunzehnhundert-dreiundsiebzig geboren.

3 Fragen und antworten Sie.

Tim Hof: 27. 3. 2001

Tina Abt: 28. 1. 1991

Rolf Klug: 19. 2. 1973

Anna Süß: 17.6.1927

Wann ist Tim geboren?

Er ist am ... geboren.

4 Hören Sie und ergänzen Sie das Geburtsdatum. 2.25

Ü5+6

1. Stefan Ruland ist am *14. 7. 1972* geboren.
2. Katrin Ruland ist am ______ geboren.
3. Sandra ist am ______ geboren.
4. Robert ist am ______ geboren und Tobias ist am ______ geboren.

5 Wichtige Termine. Was muss Frau Müller in den nächsten Monaten machen?

Ü7

15.03. Auto anmelden
17.04. Hochzeitstag: Blumen kaufen
31.08. umziehen
12.09. Bürgeramt: Wohnung anmelden

Am 15. 03. muss Frau Müller das Auto anmelden.

B Einen Wohngeldantrag stellen

1 Ordnen Sie die Wörter zu.

Ü8

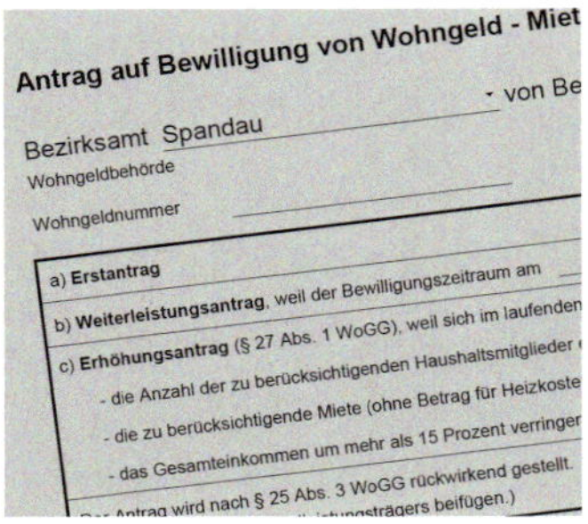

1 ◯

2 ◯

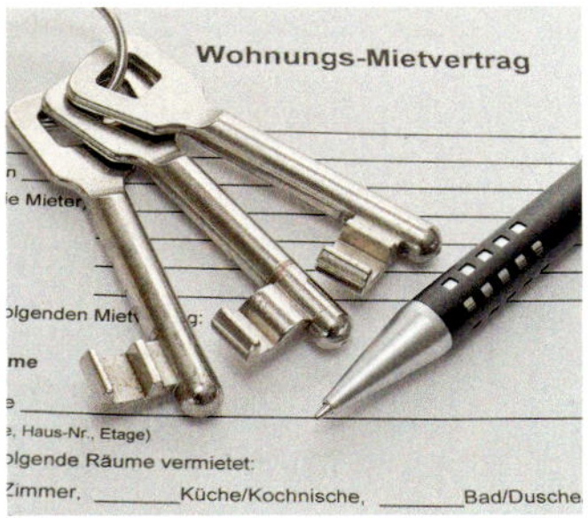

3 ◯

A die Gehaltsabrechnung **B** der Mietvertrag **C** der Wohngeldantrag

2a Hören Sie den Dialog und kreuzen Sie an: Welcher Satz passt? 2.26

A ◯ Ulrich Kars, ein Kollege von Herrn Usta, bezahlt nicht viel Miete. Er braucht kein Wohngeld.

B ◯ Die Firma von Herrn Usta hat nicht mehr so viel Arbeit. Herr Usta arbeitet nur noch vier Tage in der Woche und verdient nicht genug Geld.

2b Hören und lesen Sie den Dialog weiter und beantworten Sie die Fragen. 2.27

Ü9

1. Wo bekommt man in Potsdam einen Wohngeldantrag?
2. Was braucht man für einen Wohngeldantrag?
3. Wer hat Ulrich Kars bei dem Wohngeldantrag geholfen?

- Wohngeld?
- Ja, die Wohnung gehört mir, aber ich bekomme jetzt Wohngeld. Das Gehalt allein ist für die Wohnung und meine Familie nicht genug.
- Ich habe eine Mietwohnung. Wohngeld ist vielleicht eine Lösung. Aber wo beantragt man das?
- In Potsdam macht man das bei der Stadtverwaltung. Ich gebe dir gern ein paar Tipps.
- Aber ich wohne in Berlin. Hier ist das vielleicht anders. Und in Formularen verstehe ich oft nicht alles.
- Ja, der Wohngeldantrag ist kompliziert und man braucht auch Gehaltsabrechnungen. Du brauchst auch den Mietvertrag. Aber der Beamte hat mir geholfen. Ich bringe dir morgen eine Informationsbroschüre mit.
- Das ist nett, ich danke dir.

3a Lesen Sie den Dialog noch einmal und ergänzen Sie die Verben.

1. Die Wohnung ________ mir.
2. Ich ________ dir gern ein paar Tipps.
3. Aber der Beamte hat mir ________.
4. Ich ________ dir morgen eine Informationsbroschüre ________.
5. Ich ________ dir.

3b Ergänzen Sie die Personalpronomen.

Ü10

Nominativ	Dativ
ich	
du	
wir	uns
ihr	euch
Sie	Ihnen

!
Wem gehören die Bücher?
Die Bücher gehören **mir**.

4 Ergänzen Sie die Sätze mit den Personalpronomen im Dativ.

Ü11-13

1. ◖ Hilfst du uns (*wir*)? ◖ Ja, ich helfe ________ (*ihr*) gern.
2. Das Haus gehört ________ (*ich*).
3. Du hast ________ (*ich*) sehr geholfen. Ich danke ________ (*du*)!
4. Warten Sie einen Moment! Ich helfe ________ (*Sie*)!
5. ◖ Wem gehören die Fahrräder? ◖ Sie gehören ________ (*wir*).

5 Sammeln Sie Gegenstände im Kurs. Wem gehört was? Fragen und antworten Sie.

C Was braucht man für ... ?

1 Was braucht man? Ergänzen Sie die Sätze.

Autokennzeichen – Gehaltsabrechnung –
Pass – Mietvertrag

1. Für den Wohngeldantrag braucht man den __________ und die __________.
2. Für die Kfz-Zulassung braucht man das __________.
3. Für die Meldestelle braucht man den __________.

2 Was braucht man für ...? Fragen und antworten Sie.

Ü14-16

der Deutschkurs – ein Wörterbuch
eine Fahrt mit der Straßenbahn – eine Fahrkarte
ein Medikament – ein Rezept
ein Arztbesuch – ein Termin
die Hochzeit – zwei Ringe, ein Termin beim Standesamt
ein Fest – Getränke, Chips, Musik, ...

!

***für* + Akkusativ**

m	für den/einen
n	für das/ein
f	für die/eine
Pl.	für die/–

Was braucht man für den Deutschkurs?

Man braucht ein Wörterbuch.

3 Projekt: Behörden in Ihrem Wohnort. Wo ist was? Sammeln Sie Informationen und machen Sie ein Kursplakat.

Wo ist das Ausländeramt?
Wo ist die Agentur für Arbeit?
Wo gibt man Wohngeldanträge ab?

Wo meldet man das Auto an?
Welche Formulare kann man aus dem Internet herunterladen?

D Können Sie mir helfen?

1a Ü17

Ergänzen Sie die Dialoge und kontrollieren Sie dann mit der CD. 2.28

Dialog 1

Termin – Vielen Dank – Entschuldigen Sie

- ______ bitte, wo finde ich Frau Barth?
- Haben Sie einen ______ ?
- Ja, um elf Uhr.
- Das Büro von Frau Barth ist im Erdgeschoss Zimmer 31.
- ______ .

Dialog 2

danke – helfen – verstehe

- Verzeihung, können Sie mir ______ ? Ich ______ das Wort *Familienstand* nicht. Was bedeutet das?
- Sind Sie verheiratet?
- Ja, das bin ich.
- Dann tragen Sie bei Familienstand *verheiratet* ein.
- Ich ______ Ihnen.

1b Ü18+19

Hören Sie zwei weitere Dialoge und kreuzen Sie an: Was ist richtig? 2.29

1. A ○ Der Mann kann die Kursgebühr nicht bezahlen.
   B ○ Der Mann kann die Anmeldeformulare nicht finden.
   C ○ Der Mann versteht das Wort *Kursgebühr* nicht.

2. A ○ Wartenummern bekommt man am Informationsschalter.
   B ○ Die Frau hat die Wartenummer 51.
   C ○ Heute muss man lange warten.

2 Ü20

Beim Bürgeramt. Spielen Sie Dialoge.

1. Sie sind beim Bürgeramt und Sie suchen das Büro von Frau Dunkel.
   Antwort: im dritten Stock, Zimmer 351
2. Sie füllen ein Anmeldeformular aus und Sie verstehen das Wort *berufstätig* nicht.
   Antwort: man hat Arbeit, dann ist man berufstätig
3. Sie sind im Warteraum und Sie suchen die Wartenummern.
   Antwort: im Kasten links neben dem Eingang

Entschuldigen Sie, bitte. Können Sie mir helfen? Ich habe eine Frage.	Ja, bitte. Ja, gern. Was kann ich für Sie tun?	Ich verstehe das Wort ... nicht. Was bedeutet das? Können Sie mir das erklären? Wo finde ich ...? Wo ist das Büro von ...?	Herzlichen Dank. Vielen Dank. Ich danke Ihnen.

11 Alles klar!

Kommunikation

1 **Ordnen Sie den Dialog und lesen Sie laut.**

- [1] Entschuldigung, können Sie mir helfen?
- [ ] Dann tragen Sie bei Staatsangehörigkeit *spanisch* ein.
- [ ] Was kann ich für Sie tun?
- [ ] Ich habe hier ein Formular und ich verstehe das Wort *Staatsangehörigkeit* nicht.
- [ ] Ich komme aus Spanien.
- [ ] Woher kommen Sie?

2 **Ordnen Sie die Fragen und Antworten zu.**

Wo finde ich Frau Gerhard?	1	A	Das Feld für die Adresse ist hier.
Muss man hier lange warten?	2	B	Das weiß ich nicht. Frag doch bei der Familienkasse.
Bekomme ich bei Ihnen Formulare für das Wohngeld?	3	C	Ja, ich kann Ihnen ein Formular geben. Einen Moment, bitte.
Wo trage ich meine Adresse ein?	4	D	Sie ist im Zimmer 412 im vierten Stock.
Was braucht man für den Kindergeldantrag?	5	E	Ich glaube nicht. Heute sind hier wenige Leute.

3 **Am Telefon. Schreiben und spielen Sie einen Dialog.**

Bürgeramt Hannover, ... (Name) →
→ Guten Tag, hier spricht ... (Name)
Öffnungszeiten – wann? →
→ Montag–Freitag, 8–12 Uhr
Dienstag und Donnerstag auch 14–18 Uhr →
→ noch eine Frage: Meldestelle – Wo? →
→ im zweiten Stock →
→ Vielen Dank. / Auf Wiederhören. →
→ Auf Wiederhören.

Wortschatz

4a Was passt zusammen? Ordnen Sie zu.

die Gehalts	1	o	o	A	geld
der Wohngeld	2	o	o	B	formular
das Kinder	3	o	o	C	abrechnung
der Miet	4	o	o	D	antrag
das Anmelde	5	o	o	E	vertrag

4b Ergänzen Sie die Wörter aus 4a.

1. Herr Usta gibt den ____________ beim Wohnungsamt ab. Er braucht auch einen ____________ und eine ____________.
2. Das ____________ bekommt man bei der Familienkasse.
3. Rosa Marini ist umgezogen. Für die Meldestelle braucht sie ein ____________.

Grammatik

5 *Danken, helfen* oder *gehören*: Welches Verb passt? Ergänzen Sie.

1. Frau Rekowski ist sehr nett. Sie hilft uns.
2. Das ist sehr nett. Ich ______ Ihnen.
3. ◖ ______ dir das Auto? ◖ Ja, das ist mein Auto.
4. Ihr zieht doch um! Wir ______ euch gern.

6 Ergänzen Sie die Artikel im Akkusativ.

1. Für ein___ Besuch beim Arzt braucht man ein___ Versichertenkarte und ein___ Termin.
2. Für ein___ Fest braucht man Musik und Getränke.
3. Für ein___ Fahrt mit dem Bus braucht man ein___ Fahrkarte.

Flüssig sprechen

7 Hören Sie zu und sprechen Sie nach. 2.30

11 Gewusst wie

Kommunikation

Um Hilfe bitten und auf die Bitte reagieren

- Entschuldigen Sie, bitte, darf ich Sie etwas fragen?
- Ich habe eine Frage.
- Ja, bitte.
- Ja, gern.
- Was kann ich für Sie tun?

Sich bedanken

Vielen/Herzlichen Dank.
Ich danke Ihnen.

Fragen stellen und etwas erklären

- Was bedeutet das Wort *berufstätig*?
- *Berufstätig* bedeutet: Man hat einen Beruf und verdient Geld.
- Wo muss man das Geburtsdatum eintragen?
- Das Geburtsdatum tragen Sie hier rechts ein.

Grammatik

Personalpronomen

Nominativ	Dativ
ich	mir
du	dir
wir	uns
ihr	euch
Sie	Ihnen

Wichtige Verben mit Dativ

helfen, danken, gehören

Datum

am 1. – am **ersten**
am 2. – am zwei**ten**
am 3. – am **dritten**
am 4. – am vier**ten**
am 7. – am **siebten**
am 8. – am **achten**
am 10. – am zehn**ten**
am 20. – am zwanzig**sten**
am 27. – am siebenundzwanzig**sten**
am 30. – am dreißig**sten**

- **Wem** gehört das Haus?
- Das Haus gehört **mir.**

Für + Akkusativ

Die Versichertenkarte braucht man **für den/einen** Arztbesuch.
Man braucht **für die** Behörden oft viele Dokumente.

Station 3

Spiel und Spaß

1 Wörter finden. Welche Gruppe findet die meisten Wörter mit …?

Bilden Sie Gruppen mit vier Personen. Die Kursleiterin / der Kursleiter sagt leise das Alphabet. Jemand sagt „Stopp“. Schreiben Sie so viele Wörter mit dem Buchstaben wie möglich. Welche Gruppe hat die meisten richtigen Wörter?

2a Phonetikspiel. Rhythmen hören und sprechen. Welches Wort hören Sie? 2.31

1. O Supermarkt O Bäckerei
2. O Katalog O Internet
3. O Arztpraxis O Apotheke
4. O Krankenversicherung O Versicherungskarte
5. O Jugendliche O Erwachsene
6. O Formular O Fahrkarte

2b Sprechen Sie ein Wort aus 2a mit *Lalala*, Ihr Partner muss das Wort raten.

Lalala

Lalala das ist Bäckerei.

Richtig.

3 Grammatikspiel: Sätze in Bewegung.

Sie brauchen:
Papierzettel, dicke Stifte und viel Platz

1. Bilden Sie zwei Gruppen. Jede Gruppe schreibt lange Sätze. Schreiben Sie jedes Wort auf einen eigenen Zettel.
2. Jede Gruppe gibt einen Satz an die andere Gruppe. Bei „Los!“ geht's los. Welche Gruppe steht zuerst mit dem richtigen Satz?

4 Wiederholungsspiel

Spielregeln

1. Immer zwei bis vier Personen aus dem Kurs spielen zusammen.
2. Sie brauchen einen Würfel und eine Münze pro Spieler.
3. Sie beantworten die Frage richtig. Sie dürfen zwei Kästchen weiter.
4. Sie beantworten die Frage falsch. Sie müssen zwei Kästchen zurück.
5. Sie sind zuerst im Ziel? Dann haben Sie gewonnen.

Start

1 **Wie heißt das Gegenteil?**
groß ≠ klein
leise ≠ ...
jung ≠ ...
ledig ≠ ...

2 **Was haben Sie gestern gemacht?** (3 Sätze)

3 **Was bedeutet das Schild?**

4 **Was ist Ihr Geburtsort und Ihre Nationalität?**

5 **Was bedeutet das Schild?**

6 **Ergänzen Sie.**
ich kann
du ...
er/es/sie/man ...
wir ...
ihr ...
sie/Sie ...

7 **Was muss man hier machen?**

8 **Ergänzen Sie das Perfekt.**
gehen - ist gegangen
kommen - ...
fahren - ...
essen - ...

9 **Nennen Sie drei Ämter.**

10 **Was muss / darf man hier (nicht) machen?**

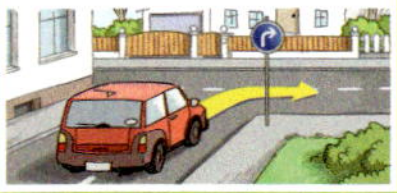

11 **Lesen Sie laut:**
1998
2009

12 **Sie haben Zahnschmerzen. Wohin gehen Sie?**

13 **Ergänzen Sie.**
Können Sie ... bitte helfen?

14 **Sie sind im Wohnungsamt. Sie suchen das Büro von Frau Mager.**

15 **Was war früher? Was ist heute? Erzählen Sie.**

16 **Sie verstehen das Wort „berufstätig“ auf einem Formular nicht. Fragen Sie.**

17 **Wie kommen Sie zum Sprachkurs?**

18 **Nennen Sie drei Verkehrsmittel mit Artikel und Plural.**

19 **Wann sind Sie nach Deutschland gekommen?**

20 **Nennen Sie drei Körperteile mit Artikel und Plural.**

21 **Wo ist die Frau?**

22 **Wählen Sie einen Partner / eine Partnerin und machen Sie einen Termin beim Arzt.**

23 **Fragen Sie.**

24 **Was kann man beim Standesamt machen?**

25 **Wie kommt man von der Sprachschule zum Bahnhof?**

Ziel

Sie lernen:
- über Kleidung sprechen
- Einkaufsdialoge im Kaufhaus führen
- Adjektive vor Nomen mit dem bestimmten Artikel
- Das Fragewort „welch-“
- Komposita

12

Im Kaufhaus

1 Hören Sie die Wörter und zeigen Sie die Kleidungsstücke auf dem Foto. 2.32

Ü1

2 Ein Farbenspiel. Fangen Sie den Ball und sagen Sie einen Satz.

3 Fragen und antworten Sie. Wie gefällt Ihnen die Kleidung?

Ü2–4

Gefällt dir die Bluse?

Nein, sie gefällt mir nicht. Ich finde sie altmodisch.

Gefallen Ihnen die Schuhe?

gefallen
Die Bluse gefällt **mir**.
Die Schuhe gefallen **mir**.

Wie gefällt dir/Ihnen die Hose?
- Die Hose gefällt mir sehr gut / gut / nicht gut / gar nicht / überhaupt nicht.
- Ich finde die Hose schick / bequem / günstig / teuer / modern / altmodisch / langweilig / komisch.
- Ich finde, die Hose sieht schick / elegant / ... aus.

A Kleidung kaufen

1a Im Geschäft. Hören Sie den Dialog: Was kauft Herr Brodsky? 2.33

1b Ü5 Lesen Sie den Dialog und ergänzen Sie die Endungen in der Tabelle.

- Kann ich Ihnen helfen?
- Ja, gern. Ich suche einen Anzug.
- Wie finden Sie den blauen Anzug?
- Ja, der ist nicht schlecht. Den nehme ich. Haben Sie auch Hemden?
- Ja, weiß, grau, blau ... Welche Farbe möchten Sie?
- Ich nehme das graue Hemd.
- Das sieht gut aus, nur die braunen Schuhe passen nicht. Dann müssen wir auch noch Schuhe kaufen.

	Nominativ	Akkusativ
m	Der blaue Anzug ist nicht schlecht.	Wie finden Sie den blau___ Anzug?
n	Das graue Hemd ist schick.	Ich nehme das grau___ Hemd.
f	Die gelbe Bluse ist elegant.	Sie möchte die gelbe Bluse.
Pl.	Die braun___ Schuhe passen nicht.	Er kauft die schwarzen Schuhe.

2a Ü6–8 Ergänzen Sie die Endungen und lesen Sie den Dialog laut.

- Kann ich Ihnen helfen?
- Ja, ich möchte den gelb___ und den blau___ Pullover anprobieren.
- Der blau___ Pullover ist nicht schlecht. Möchten Sie nicht auch noch den rot___ Pullover anprobieren?
- Nein danke, ich nehme den gelb___ Pullover. Der gefällt mir.

2b Ü9 Spielen Sie weitere Einkaufsdialoge.

3a Wo kaufen die Leute ein? Hören Sie und ordnen Sie zu. 2.34

Ü10

◯ im Secondhandladen

◯ aus dem Katalog

◯ auf dem Flohmarkt

◯ im Kaufhaus

◯ ◯ im Internet

◯ in einer Boutique

3b Wo kaufen Sie ein? Was ist für Sie wichtig? Erzählen Sie.

Ich kaufe gern im Internet ein. Das geht schnell und es ist praktisch.

Ich finde das kompliziert. Ich kaufe gern im Kaufhaus ein. Da kann ich alles anprobieren.

4a Hören Sie und kreuzen Sie an: Was möchte der Sohn bestellen? 2.35

◯ 

◯ 

◯ 

◯ 

4b Lesen Sie den Dialog und ergänzen Sie die Endungen in der Tabelle.

Ü11

- Du brauchst eine Hose. Welche Hose möchtest du, die braune oder die blaue Hose?
- Die schwarze Hose gefällt mir.
- Und welches T-Shirt findest du gut?
- Das schwarze T-Shirt ist gut.
- Ganz schwarz, ist das nicht langweilig?
- Nee, das ist cool. Alle ziehen das an.

!

	Nominativ	Akkusativ
m	Welch*er* Pullover ist günstig?	Welch*en* Pullover nehmen Sie?
n	Welch*es* T-Shirt ist schön?	Welch___ T-Shirt findest du gut?
f	Welch*e* Hose ist cool?	Welch___ Hose möchtest du?
Pl.	Welch*e* Schuhe sind bequem?	Welch*e* Schuhe nimmst du?

5a Ergänzen Sie die Artikel und Pluralformen.

das Kleid, ___ ___			___ Rock, ___ ___		
___ Bluse, ___ ___			___ Schuh, ___ ___		

5b Ergänzen Sie die Endungen.

Ü12

- Mama, ich brauche einen Rock oder ein Kleid.
- Gut. Welch___ Kleid findest du gut? Das rot___ Kleid oder das blau___ Kleid?
- Ich mag das blau___ Kleid. Das gefällt mir. Wie findest du den grün___ Rock?
- Welch___ Rock meinst du? Den kurz___ Rock oder den lang___ Rock?
- Ich meine den kurz___ Rock. Und die weiß___ Bluse finde ich auch toll.
- Na gut, dann kaufen wir das blau___ Kleid, den kurz___ grün___ Rock und die weiß___ Bluse. Brauchst du auch Schuhe?
- Ja, ich finde die alt___ Schuhe nicht mehr schön.

6 Fragen und antworten Sie.

Ü13

Welches T-Shirt möchtest du?

Ich finde das rote T-Shirt gut.

Mir gefällt das blaue T-Shirt.

i

Größen

In Deutschland gibt es die Größen S, M, L oder auch deutsche Größen:
Herren: 46 (= S), 48/50 (= M), 52/54 (= L)
Damen: 36/38 (= S), 40/42 (= M), 44/46 (= L)
Bei der Kinderbekleidung gibt man die Körpergröße des Kindes an: 50–176 (cm).

B Im Kaufhaus einkaufen

1a Lange Wörter (Komposita). Was passt zusammen? Suchen Sie die Wörter auf der Infotafel und verbinden Sie.

Computer	1 ○	○ A	wäsche
Sport	2 ○	○ B	spiele
Herren	3 ○	○ C	schmuck
Mode	4 ○	○ D	waren
Baby	5 ○	○ E	artikel
Geschenk	6 ○	○ F	bekleidung

1b Ü14+15 Ergänzen Sie die Artikel.

> das letzte Wort
> die Dame + **der Mantel**
> → **der** Damen**mantel**

der Herr	die Hose	___	Herrenhose
die Dame	das Kleid	___	Damenkleid
der Winter	der Mantel	___	Wintermantel
der Sport	die Schuhe	___	Sportschuhe

2 Ü16 Fragen und antworten Sie. Wo finden Sie was?

Wo finde ich Babywäsche?

Im zweiten Stock.

Computerspiele – Sportwaren – Bücher – Uhren – Modeschmuck – Herrenbekleidung – Geschenkartikel

GALERIA KAUFHOF

3. Stock
- DVDs
- CDs
- Bücher
- 24-Stunden-Bestellservice
- Fotoalben
- Bilderrahmen
- Computerspiele

2. Stock
- Kinderwelt
- Kinderbekleidung
- Babywäsche
- Sportwaren
- Haushaltswaren
- Glas/Porzellan
- Geschenkartikel
- Heimtextilien
- Elektro-Kleingeräte
- Computer-Zubehör
- Damen- und Herrenfriseur

1. Stock
- Damenbekleidung
- Marken-Shops
- Young Fashion
- Accessoires/Modeschmuck
- Herrenbekleidung

Erdgeschoss
- Damenwäsche
- Strumpfwaren
- Lederwaren
- Schirme
- Zeitschriften
- Parfümerie
- Süßwaren
- Schreibwaren
- Uhren/Schmuck
- Schlüsseldienst
- Schuhreparatur
- Lotto/Toto

Untergeschoss

REWE

3a Ü17+18

Entschuldigung, wo finde ich ...? Was sagen die Verkäuferinnen? Ordnen Sie zu.

1. Kann ich Ihnen helfen?
2. Größe 40? Da muss ich nachsehen. Einen Moment, bitte.
3. Ja, in der Multimedia-Abteilung im vierten Stock.
4. Die Kasse ist dort hinten rechts.
5. Bis 20 Uhr.
6. Ja gern, die Umkleidekabinen sind da hinten links.
7. Den Ausgang? Der ist da vorne links.
8. Die sind im ersten Stock, direkt neben der Rolltreppe.

3b

Spielen Sie Minidialoge. Verwenden Sie die Redemittel aus 3a.

Entschuldigung, ich suche Mädchenhosen.

4 Gespräche im Kaufhaus. Hören Sie und kreuzen Sie an: Was ist richtig? 2.36

Ü19+20

1. Was kostet der Mantel?

A O 59,00 € **B** O 59,95 € **C** O 95,95 €

2. Welche Größe gibt es nicht?

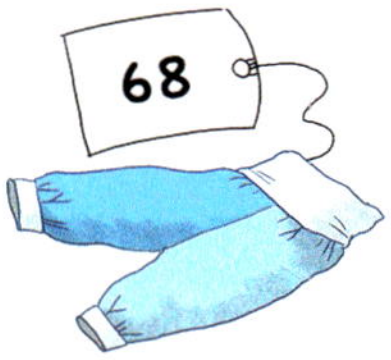

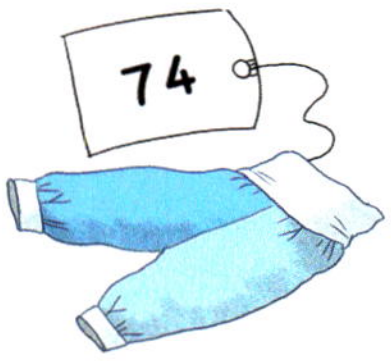

A O Größe 68 **B** O Größe 86 **C** O Größe 74

5a Was sagt der Verkäufer/die Verkäuferin? Was sagt der Kunde/die Kundin? Ordnen Sie zu.

Ü21+22

~~Ich hätte gern ...~~ Größe 40? Da muss ich nachsehen. Die Kasse ist dort hinten rechts. Was kostet ... ? Gibt es ... auch in Größe ...? Ich möchte ... ... kostet ... Euro. In der ...abteilung im ersten/zweiten/dritten/vierten Stock. Gern, die Umkleidekabinen sind ... Haben Sie (auch) ... ? Nein danke, ich schaue nur. Wo finde ich ...? Wo kann ich bezahlen? ~~Kann ich Ihnen helfen?~~ Kann ich ... anprobieren? Haben Sie ... auch in Rot/Weiß/... ? Einen Moment, bitte. Entschuldigung, ich suche ... Tut mir leid, das haben wir leider nicht. Die Hose ist zu kurz/lang.

Verkäufer/Verkäuferin	Kunde/Kundin
Kann ich Ihnen helfen?	Ich hätte gern ...

5b Spielen Sie Einkaufsdialoge.

6 Projekt: Sammeln Sie interessante Einkaufsmöglichkeiten. Machen Sie für die anderen Kursteilnehmer/innen eine Liste und geben Sie Einkaufstipps.

(Internet) Adresse	Was kann man kaufen?	Vorteile	Nachteile
Kaufhaus ...			
www.ebay.de	alles		

12 Alles klar!

Kommunikation

1 Wie finden Sie die Kleidung? Schreiben Sie Sätze.

1

2

3

4

5

1. Das Kleid gefällt mir. Ich finde es elegant.
2.
3.
4.
5.

2 Was passt zusammen?

Wo kann ich das	1 – D	A	geöffnet?
Entschuldigung, ich suche	2	B	anprobieren?
Ich hätte gern diese Bluse	3	C	die Toiletten.
Danke, ich schaue	4	D	bezahlen?
Wie lange haben Sie	5	E	nur.
Kann ich die Hose	6	F	der Ausgang?
Entschuldigung, wo ist	7	G	in Schwarz.

3 Ordnen Sie den Dialog und kontrollieren Sie dann mit der CD. 2.37

- [1] Kann ich Ihnen helfen?
- [ ] Wie finden Sie den blauen Anzug hier?
- [ ] 239,50 €.
- [ ] Natürlich, da vorne sind die Umkleidekabinen.
- [ ] Hier bitte, welche Farbe suchen Sie?
- [6] Der ist nicht schlecht. Kann ich den einmal anprobieren?
- [ ] Ja, ich suche einen Anzug.
- [ ] Der Anzug gefällt mir. Was kostet er?
- [ ] Blau oder Grau.
- [ ] Gut, den nehme ich.

Wortschatz

4 Kleidung. Finden Sie elf Wörter und schreiben Sie sie zu den richtigen Artikeln.

S	H	E	M	D	R	O	M	B	U	K
O	O	T	S	C	H	U	H	E	O	E
C	S	W	E	A	T	S	H	I	R	T
K	E	R	T	N	M	J	A	C	K	E
E	I	O	L	Z	A	B	L	U	S	E
N	N	C	P	U	L	L	O	V	E	R
S	L	K	E	G	M	Ü	O	F	R	N
U	N	T	E	R	W	Ä	S	C	H	E

der ______ das ______ die ______
der ______ das ______ die ______
der ______ die ______
die ______

meistens Plural: die ______
die ______

Grammatik

5 Ergänzen Sie die Endungen. Manchmal braucht man keine Endung.

1. Wie findest du das Kleid?
   Welch___ Kleid meinst du, das rot___ Kleid oder das schwarz___ Kleid?
   Ich meine das schwarz___ Kleid.
   Das schwarz___ Kleid finde ich elegant___ .
2. Wie gefallen dir die Schuhe?
   Welch___ Schuhe?
   Die modern___ Damenschuhe da vorne rechts.
   Die finde ich teuer___ .
3. Guck mal, der rot___ Rock.
   Ja, der ist sehr schick___ . Den kaufe ich.

Flüssig sprechen

6 Hören Sie zu und sprechen Sie nach. 2.38

12 Gewusst wie

Kommunikation

Über Kleidung sprechen

- Was gefällt Ihnen?
- Die Hose gefällt mir gut. / Ich finde die Hose gut.
- Wie gefallen Ihnen die Schuhe?
- Die Schuhe gefallen mir nicht.
- Wie finden Sie das Kleid?
- Ich finde das Kleid nicht so gut.

Einkaufsdialoge im Kaufhaus führen

- Kann ich Ihnen helfen?
- Nein danke, ich schaue nur.
- Ja, ich suche eine Hose.
- Haben Sie auch Hemden?
- Haben Sie die Hose auch in Größe 42?
- Ich nehme den blauen Pullover.
- Kann ich das Kleid anprobieren?
- Ja, die Umkleidekabinen sind da vorne rechts.
- Wo finde ich Babyhosen?
- Bei der Babybekleidung im zweiten Stock.

Über Einkaufsmöglichkeiten sprechen

Ich kaufe gern im Internet ein. Das ist praktisch und geht schnell.
Ich kaufe lieber im Kaufhaus ein. Da kann ich alles anprobieren.

Grammatik

Adjektive vor Nomen (mit dem bestimmten Artikel)

	Nominativ	Akkusativ
m	der grau**e** Anzug	den grau**en** Anzug
n	das blau**e** Hemd	das blau**e** Hemd
f	die rot**e** Bluse	die rot**e** Bluse
Pl.	die braun**en** Schuhe	die braun**en** Schuhe

(!) Der Mantel ist braun.
Der braun**e** Mantel ist schick.

Das Fragewort *welch-*

	Nominativ	Akkusativ
m	welch**er** Pullover	welch**en** Pullover
n	welch**es** T-Shirt	welch**es** T-Shirt
f	welch**e** Hose	welch**e** Hose
Pl.	welch**e** Schuhe	welch**e** Schuhe

d**er** Pullover → welch**er** Pullover
da**s** T-Shirt → welch**es** T-Shirt
di**e** Bluse → welch**e** Bluse

Komposita

die Dame + **der Mantel** → **der** Damen**mantel**
Das letzte Wort bestimmt den Artikel.

Sie lernen:
- über Landschaften sprechen
- eine Fahrkarte kaufen
- über das Wetter und die Jahreszeiten sprechen
- den Komparativ
- das Pronomen „es“
- Präpositionen mit Akkusativ

13

Auf Reisen

1 Wo ist das? Ordnen Sie die Wörter zu.

Ü1

- ◯ das Meer
- ◯ der Berg
- ◯ der Bauernhof
- ◯ das Haus
- ◯ der Fluss
- ◯ der Strand
- ◯ die Stadt
- ◯ der Wald
- ◯ die Wiese
- ◯ der Park
- ◯ das Dorf
- ◯ der Baum

2 Wo sind die Leute? Hören Sie und ordnen Sie die Dialoge zu. 2.39

Ü2

- ◯ in der Stadt
- ◯ in den Bergen
- ◯ am Strand
- ◯ im Park

3 Wo kann man was machen?

Ü3+4

Urlaub machen – einkaufen – wandern – faulenzen – ausgehen – lesen – spazieren gehen – Rad fahren

i

am	Meer/Fluss/Strand
auf	dem Bauernhof / der Wiese
in	der Stadt / den Bergen
im	Park

Am Strand kann man faulenzen.

In den Bergen kann man wandern.

A Das Wetter

1 Welche Bilder passen zu den Sätzen? Ordnen Sie zu.

Ü5–8

A der Regen B der Schnee C die Sonne D der Wind E die Wolke

1. ◯ Es schneit.
2. ◯ Die Sonne scheint.
3. ◯ Es regnet.
4. ◯ Es ist heiß.
5. ◯ Es ist windig.
6. ◯ Es ist nass.
7. ◯ Es ist kalt.
8. ◯ Es ist bewölkt.

> **!**
> **es**
> **Es** regnet.
> **Es** ist kalt.

2 Wettervorhersage. Lesen Sie und variieren Sie den Dialog.

Ü9

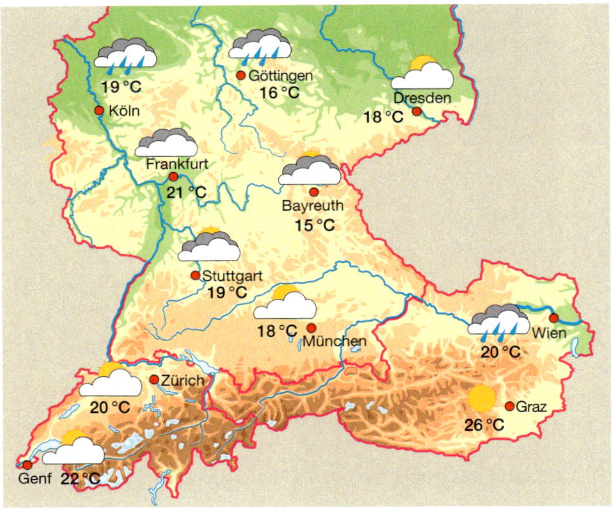

der Norden
im Norden

der Westen
im Westen

der Osten
im Osten

der Süden
im Süden

- Wie ist das Wetter im Norden?
- Das Wetter ist schlecht. Es regnet.
- Wie viel Grad sind es in Göttingen?
- In Göttingen sind es 16 °C.

> **i**
> 16 °C → 16 Grad Celsius

3 Hören Sie die Wettervorhersagen und kreuzen Sie an: Was ist richtig? 2.40

1.
A ○ Im Norden scheint die Sonne.
B ○ Im Norden regnet es.
C ○ Im Süden ist es heiß.

2.
A ○ Morgen ist es heiß.
B ○ Im Süden regnet es.
C ○ Es gibt keine Sonne.

4 Wie ist das Wetter? Fragen und antworten Sie.

1. Köln: 21 °C – Stuttgart: 21 °C
   - Wie ist das Wetter in Köln?
   - In Köln ist es genauso warm wie in Stuttgart.
2. Graz – Wien:
   - Und wie ist das Wetter in Graz und in Wien?
   - In Graz ist es wärmer als in Wien. / In Wien ist es kälter als in Graz.
3. Dresden – München
4. Frankfurt – Bayreuth
5. Zürich – Genf

> **!**
> In Köln ist es **genauso** warm **wie** in Stuttgart.
> In Graz ist es wärmer **als** in Wien.
> In Wien ist es kälter **als** in Graz.

5a Die Jahreszeiten. Ordnen Sie die Monate zu.

Ü10–12

April – August – Februar – Juni – November – Januar – Mai – September

5b Vergleichen Sie die Jahreszeiten. Sprechen Sie im Kurs.

Ü13–16

Tage kürzer – Abende heller – Wind kälter – Wetter schlechter – Sonne wärmer – Tage länger – genauso warm wie – genauso kalt wie – es regnet mehr – Wetter besser – lieber mögen

Im Winter sind die Tage kürzer als im Sommer.

> **!**
> hell – hell**er** als
> kalt – k**ä**lt**er** als
> kurz – k**ü**rz**er** als
> lang – l**ä**ng**er** als
> warm – w**ä**rm**er** als
> viel – **mehr** als
> gern – **lieber** als
> gut – **besser** als

6 Die Jahreszeiten und das Wetter in Ihrem Land. Vergleichen Sie.

Ü17

In der Türkei ist der Sommer wärmer als in Deutschland.

Meine Lieblingsjahreszeit ist der Herbst.

In Brasilien ist das Wetter besser als in Deutschland.

B Situationen im Kurs

1a Hören Sie zu. Welche Frage passt? 2.41

- ◯ Können Sie etwas langsamer sprechen?
- ◯ Können Sie bitte etwas lauter sprechen?
- ◯ Können Sie das bitte genauer erklären?
- ◯ Können Sie bitte etwas deutlicher sprechen?

1b Hören Sie noch einmal und reagieren Sie mit den Fragen aus 1a. 2.41

2 Wer spricht schneller/langsamer? Hören Sie und antworten Sie. 2.42

1. schnell – langsam
2. laut – leise
3. deutlich – undeutlich
4. viel – wenig

Die Frau spricht langsamer als der Mann. – Der Mann spricht …

3 Wer kann es besser?

Ü18

1. Wer kann diese Sätze schneller sprechen?
   In Ulm um Ulm und um Ulm herum.
   Blaukraut bleibt Blaukraut und Brautkleid bleibt Brautkleid.
2. Wer findet mehr Wörter mit *a*?
   anfangen, Aufgabe, abholen …
3. Wer findet die Lektionen und Seitenzahlen in Pluspunkt Deutsch schneller?
   - A Wo haben Sie *sollen* geübt?
   - B Wo finden Sie Verkehrsmittel?
   - C Wo müssen Sie ein Anmeldeformular ausfüllen?

Sollen *haben wir in Lektion 8 geübt.*

4 Wer ist größer? Wer ist kleiner? Vergleichen Sie im Kurs.

Norma ist größer als Pedro.

C Unterwegs mit dem Zug

1a Hören Sie den Dialog. Wohin fährt der Mann? 2.43

1b Lesen Sie den Dialog und notieren Sie die Informationen.

Ü19–21

- Ich hätte gern eine Fahrkarte von Berlin nach München mit Reservierung.
- 1. oder 2. Klasse?
- 2. Klasse, bitte.
- Wann möchten Sie abfahren?
- Ich nehme den ICE um 9.53 Uhr ab Berlin Hauptbahnhof. Muss ich umsteigen?
- Nein, der Zug fährt direkt. Sie kommen um 16.04 Uhr in München an. Haben Sie eine BahnCard?
- Ja, ich habe eine BahnCard 25.
- Das sind dann mit Reservierung 83,75 €.

Abfahrt	Ankunft	Preis	Klasse

2 Lesen Sie die Anzeigetafel. Fragen und antworten Sie.

Ü22

Abfahrt Essen Hauptbahnhof DB

Zeit	über	Ziel	Gleis
19.36	Duisburg, Düsseldorf	Köln	1
19.38	Gelsenkirchen, Recklinghausen	Münster	4
19.41	Essen, Duisburg, Krefeld	Mönchengladbach	2

Wann fährt der Zug nach Köln ab?

Von welchem Gleis fährt er?

3 Am Bahnhof. Wählen Sie eine Situation und spielen Sie Dialoge.

1. Sie sind in Essen. Sie wollen nach Köln fahren. Preis für die 2. Klasse: 23,50 €. Sie haben keine BahnCard.
2. Sie sind in Essen. Sie wollen nach Münster fahren. Preis für die 2. Klasse: 19,00 €. Sie haben eine BahnCard 25.
3. Sie sind in Essen. Sie wollen nach München fahren. Preis für die 2. Klasse: 127,00 €. Sie haben eine BahnCard 50.

4 Durchsagen. Hören Sie und kreuzen Sie an: richtig oder falsch? 2.44

	R	F
1. Der Zug nach München fährt heute von Gleis drei.	○	○
2. Der ICE hat zehn Minuten Verspätung.	○	○
3. Heute fährt kein Zug nach Nienburg.	○	○
4. Auf den Bahnsteigen kann man Fahrpläne finden.	○	○

5a Lesen Sie den Text und kreuzen Sie an: richtig oder falsch?

Mit der Höllentalbahn von Freiburg nach Seebrugg

Die Fahrt von Freiburg nach Seebrugg dauert ungefähr eine Stunde und ist sehr schön. Die Strecke geht durch das Höllental. Ab Himmelreich fährt der Zug durch viele Tunnel und über Brücken nach Hinterzarten und Titisee. Hinter Titisee fährt er um den Ort und um den See bis zum Schluchsee. Die Endstation ist in Seebrugg. Hier beginnt ein Wanderweg um den Schluchsee. Die Wanderung dauert ungefähr drei Stunden.
Auch Radtouren sind im Schwarzwald möglich. In den Zügen kann man das Fahrrad mitnehmen. Im Schwarzwald gibt es auch gute Restaurants mit Spezialitäten.

	R	F
1. Man fährt ungefähr eine Stunde von Freiburg nach Seebrugg.	○	○
2. In Freiburg gibt es viele Tunnel und Brücken.	○	○
3. Man kann um den Schluchsee wandern.	○	○
4. Im Schwarzwald kann man keine Radtouren machen.	○	○

5b Unterstreichen Sie in 5a *um* und *durch*.

> **i**
> ***durch/um*** + **Akkusativ**
> **durch** das Höllental, **um** den Schluchsee

6 Ergänzen Sie *um* und *durch*.

Ü23–24

1. Die Wanderer gehen ______ den Berg.

2. Der Radfahrer fährt ______ den Wald.

3. Sie laufen ______ den kalten Fluss.

4. Er fährt ______ das kleine Dorf.

D Landschaften und Leute

1a Lesen Sie die Texte und ordnen Sie die Fotos zu.

Ü25

◯ 

◯ 

1 Mein Name ist Wolfgang Strauß und ich lebe in Bregenz. Bregenz ist eine Stadt in Österreich und liegt am Bodensee. Ich mag die Stadt sehr gern, aber noch lieber mag ich den See und die Berge. Ich habe ein kleines Segelboot. Am Wochenende mache ich oft Segeltouren. Die Stadt ist klein, aber berühmt. Wir sind sehr stolz auf die Bregenzer Festspiele. Das ist ein Kulturfestival. Es findet jedes Jahr mit Opern, Theater und Konzerten statt.

2 Karl Veddersen ist mein Name. Ich lebe auf Borkum. Das ist eine Insel in der Nordsee. Von Beruf bin ich Fischer. Ich lebe seit 17 Jahren hier. Meine Frau und ich haben eine Pension mit Restaurant, das „Haus Seeblick". Dort servieren wir Matjes, das ist eine Fischspezialität aus Norddeutschland. Im Sommer kommen viele Feriengäste mit Kindern zu uns. Im Winter ist es ruhiger.

1b Lesen Sie die Texte noch einmal und ergänzen Sie die Sätze.

jedes Jahr – Bodensee – Norddeutschland – Feriengäste – Österreich – Insel

1. Bregenz liegt am ______________ .
2. Bregenz ist eine kleine Stadt in ______________ .
3. Die Bregenzer Festspiele finden ______________ statt.
4. Borkum ist eine ______________ in der Nordsee.
5. Matjes ist eine Fischspezialität aus ______________ .
6. Im Sommer kommen viele ______________ .

2 Wo waren Sie schon? Welche Orte möchten Sie kennenlernen?

Ich war schon an der Nordsee. Aber Borkum kenne ich nicht.

Mir gefallen die Berge.

13 Alles klar!

Wortschatz

1a Landschaften. Ordnen Sie zu.

der Bauernhof – der Berg – der Strand – das Meer – der Park – der Fluss

1 
2 
3 
4 
5 
6 

1b Was kann man wo machen? Sammeln Sie im Kurs. Es gibt mehrere Möglichkeiten.

schwimmen – wandern – Urlaub machen – faulenzen – spazieren gehen

2 Finden Sie in dem Suchrätsel fünf Wetterwörter und ergänzen Sie die Sätze.

Q	U	S	M	Z	E	R
R	S	C	H	N	E	E
W	O	L	K	E	N	G
I	N	P	Z	I	A	E
N	N	J	O	U	H	N
D	E	S	Y	I	X	K

1. Im Sommer gibt es keinen ______.
2. Im Herbst ist der ______ oft sehr stark.
3. Es gibt viele ______. Es regnet bald.
4. Im Sommer scheint oft die ______.
5. Wir hatten von morgens bis abends ______. Alles ist nass.

Kommunikation

3a Sabiha ist unzufrieden. Ergänzen Sie die Adjektive.

langweilig – ~~alt~~ – klein – wenig – langsam – schlecht

1. Ich bin *alt*.
2. Mein Auto ist ______.
3. Meine Wohnung ist ______.
4. Ich habe ______ Zeit.
5. Mir geht es ______.
6. Meine Arbeit ist ______.

3b Anca ist unzufriedener. Machen Sie Dialoge.

Ich bin alt.

Ich bin älter.

4a Hören Sie den Dialog. Wohin fährt die Frau? 2.45

4b Lesen Sie den Dialog und ergänzen Sie die Sätze. Kontrollieren Sie dann mit der CD. 2.45

- Ich hätte gern eine ______ für die 1. ______ von Frankfurt nach Osnabrück.
- Ja, bitte. Ich möchte am Dienstag um 7.58 Uhr ______ .
- Brauchen Sie eine ______ ?
- Nein.
- Haben Sie eine ______ ?
- Nein.
- Das sind dann 139 €.

4c Schreiben Sie und spielen Sie den Dialog.

Fahrkarte Mannheim – Köln → 1./2. Klasse?

für die 2. Klasse ← → Reservierung?

Ja ← → wann/abfahren?

8.06 Uhr / umsteigen? ← → Nein / Zug fährt direkt – BahnCard?

Ja, BahnCard 50 ← → 24,50 €

Grammatik

5 *Wie* oder *als*? Ergänzen Sie.

1. Ich wohne schon länger in Bochum ______ Helena.
2. Sie ist genauso groß ______ er.
3. Hier ist das Wetter besser ______ zu Hause.
4. Im Winter ist es kälter ______ im Sommer.
5. In den Bergen ist es genauso schön ______ am Meer.

Flüssig sprechen

6 Hören Sie zu und sprechen Sie nach. 2.46

13 Gewusst wie

Kommunikation

Über Landschaften sprechen

Am Meer kann man Urlaub machen.
In den Bergen kann man wandern.
Ich möchte gern das Meer kennenlernen.
Ich war schon an der Nordsee.

Über das Wetter und die Jahreszeiten sprechen

Heute regnet es.
Gestern war es kalt.
Im Winter ist es kälter als im Sommer.

Eine Fahrkarte kaufen

Guten Tag, ich hätte gern eine Fahrkarte 2. Klasse nach Stuttgart.
Ich habe eine BahnCard 25.

Nach Informationen fragen

Wann fährt der Zug ab?
Muss ich umsteigen?
Wo sind die Fahrpläne?
Fährt der Zug nach Hamburg von Gleis drei ab?

Grammatik

Das Pronomen *es*

Es regnet.
Es gibt hier einen Park.
Es geht mir gut.

Präpositionen mit Akkusativ

Wir lernen **für das** Leben.
Er geht **durch die** Stadt.
Sie wandern **um den** See.

Der Komparativ von Adjektiven

Katia ist 176 cm groß. Klaus ist auch 176 cm groß.
Katia ist **genauso** groß **wie** Klaus.

Naomi ist 158 cm groß. Alex ist 186 cm groß.
Naomi ist **kleiner als** Alex.
Alex ist **größer als** Naomi.

hell – hell**er**	groß – gr**ö**ß**er**	(!) gern – **lieber**
langsam – langsam**er**	kalt – k**ä**lt**er**	gut – **besser**
schnell – schnell**er**	kurz – k**ü**rz**er**	viel – **mehr**
schön – schön**er**	warm – w**ä**rm**er**	

Sie lernen:

- beschreiben, wie Sie wohnen
- einen formellen Brief schreiben
- Smalltalk – in Kontakt kommen
- Satzverbindungen mit „denn“
- über Probleme im Haus sprechen

14 Zusammen leben

vor dem Haus

hinter dem Haus

im Haus

1 Ü1 **Hören Sie und kreuzen Sie an: Welche Wörter hören Sie?** 2.47

1 O der Balkon	5 O die Mülltonne	9 O die Treppe
2 O die Tür	6 O der Hof	10 O das Licht
3 O die Hausnummer	7 O der Hund	11 O der Aufzug
4 O der Kinderwagen	8 O die Klingel	12 O das Treppenhaus

2 Ü2–5 **Sehen Sie sich die Fotos an und schreiben Sie über das Haus.**

Was ist vor/hinter dem Haus? Was ist im/am Haus?

Vor dem Haus ist eine Straße. Am Haus ist eine Hausnummer. Hinter …

3 Ü6 **Fragen Sie Ihren Partner/Ihre Partnerin und berichten Sie im Kurs.**

Wie wohnen Sie?

Ich wohne in einem Mietshaus im dritten Stock.

Was gibt es vor und hinter Ihrem Haus?

Wer wohnt in Ihrem Haus?

A Die Nachbarn

1a Gespräche mit Nachbarn. Hören Sie und ordnen Sie die Fotos zu. 2.48

1b Lesen Sie die Dialoge. Welche Situationen kennen Sie?

Ü7+8

A

- Entschuldigung, ich möchte nicht stören, aber ich habe eine Bitte.
- Nein, nein, Sie stören überhaupt nicht. Kann ich Ihnen helfen?
- Ich backe gerade einen Kuchen und habe keine Eier mehr. Können Sie mir vielleicht drei Eier geben?
- Aber gern, warten Sie, ich hole die Eier ... So, hier sind sie.
- Vielen Dank!
- Gern geschehen.

B

- Guten Tag, ich glaube, der Paketdienst hat bei Ihnen ein Paket abgegeben.
- Ja, Moment, hier ist es.
- Vielen Dank.
- Kein Problem, ich bin ja viel zu Hause.

C

- Guten Tag!
- Guten Tag, Frau Wagner. Sie wollen bestimmt Lena abholen.
- Ja, genau. Ist sie bei Ihnen?
- Hallo, Mama. Wir spielen gerade mit den Puppen.
- Hallo, Lena. Komm, wir gehen nach Hause.
- Sie kann gern noch ein bisschen bleiben und wollen Sie nicht auch reinkommen?
- Ich will nicht stören.
- Nein, nein, Sie stören nicht. Ich trinke gerade einen Tee. Möchten Sie auch eine Tasse?
- Ja, gern.

D

- Guten Tag!
- Guten Tag!

1c Spielen Sie und variieren Sie die Dialoge.

Ü9

einen Brief abgegeben? – Pizza machen / keinen Käse haben – Suppe kochen / kein Salz haben – Marko abholen / mit Playmobil spielen / ein Stück Kuchen essen – Besuch bekommen / keinen Kaffee haben – in den Urlaub fahren / Blumen gießen

2 Wo treffen Sie Ihre Nachbarn? Wie oft sprechen Sie mit Ihren Nachbarn?

Ü10

im Treppenhaus – auf der Treppe – im Hof –
an den Mülltonnen – auf dem Spielplatz – an der Tür – ...

Ich treffe meine Nachbarn im Treppenhaus oder ich sehe sie im Hof. Ich spreche manchmal mit meinen Nachbarn.

3 Ein Hoffest. Lesen Sie die Einladung und kreuzen Sie an: richtig oder falsch?

Ü11–13

Einladung zum Hoffest!
Kennen Sie Ihre Nachbarn? Wie jedes Jahr im Juli: Kommen Sie am Samstag, den 6. Juli, in den Hof von der Schlossstraße 5, denn wir wollen zusammen feiern. Es gibt Getränke, einen Grill und Musik. Bringen Sie Stühle, Tische und Essen und vor allen Dingen gute Laune mit.

Das Festkomitee

	R	F
1. Das Fest ist im Winter.	○	○
2. Man muss Essen selbst mitbringen.	○	○
3. Das Fest findet zum ersten Mal statt.	○	○
4. Alle Nachbarn sind eingeladen.	○	○

4a Smalltalk. Kreuzen Sie an: Welche Sätze hören Sie? 2.49

Ü14

- ○ Guten Abend, ich glaube, wir haben uns schon oft gesehen. Ich heiße ...
- ○ Guten Abend, das Hoffest war eine gute Idee!
- ○ Hallo, die Musik ist toll, wollen wir tanzen?
- ○ Hmm, das schmeckt gut, haben Sie das selbst gemacht?
- ○ Sind Sie auch neu hier in der Schlossstraße?
- ○ Schönes Wetter heute.
- ○ Wir haben wirklich Glück mit dem Wetter!

4b Was kann man in 4a antworten? Sammeln Sie passende Antworten.

5 Spielen Sie Smalltalk-Gespräche im Kurs. Sprechen Sie 20 Sekunden mit einem Partner/einer Partnerin, dann wechseln Sie. Die Sätze aus Aufgabe 4 helfen Ihnen.

Schönes Wetter heute.

Ja, wir haben wirklich Glück. Die ganze Woche hat es geregnet. Und jetzt – wunderbar!

B Probleme im Haus

1a Ordnen Sie die Bilder den Sätzen zu.

A

B

C

D

1. ◯ Die Mülltonnen sind sehr klein.
2. ◯ Der Aufzug ist kaputt.
3. ◯ Die Klingel funktioniert nicht.
4. ◯ Die Heizung ist kaputt.
5. ◯ Die Nachbarn sind sehr laut.
6. ◯ Das Licht geht nicht.

E

F

1b Wählen Sie ein Problem in 1a aus und spielen Sie einen Dialog mit dem Hausmeister.

Ü15

2 Projekt: Mülltrennung. Wie ist es in Ihrem Wohnort? Machen Sie ein Infoplakat.

Welche Tonnen gibt es? Was kommt in welche Tonne?

3a Herr Usta und Herr Kuhn haben ein Problem und schreiben einen Brief an den Vermieter. Welches Problem haben sie?

Ü16

◯ Ahmet Usta / Thomas Kuhn
Naumannstraße 11
10829 Berlin

◯ Hausverwaltung Wartemann
Frau Fröhlich
Kaiserdamm 47a
13284 Berlin

◯ Berlin, den 18. April 2009

◯ **Mülltonnen in der Naumannstraße 11**

◯ Sehr geehrte Frau Fröhlich,

◯ wir haben ein Problem: Einige Nachbarn stellen den Müll neben die Tonnen, denn die grauen Mülltonnen sind immer voll. Der Hof ist immer schmutzig und es riecht oft schlecht. Manchmal können wir die Fenster zum Hof nicht aufmachen. Das ist für alle sehr ärgerlich.

Können Sie bitte große Tonnen bei der Stadtreinigung bestellen?

Vielen Dank!

◯ Mit freundlichen Grüßen
Ahmet Usta Thomas Kuhn

3b Welche Teile hat ein formeller Brief? Ordnen Sie in 3a zu.

1. Ort und Datum **2.** Absender (Name und Adresse) **3.** Gruß und Unterschrift
4. Betreff **5.** Anrede: „Sehr geehrte Frau ..., / Sehr geehrter Herr ...,“
6. Empfänger (Name und Adresse) **7.** Text

4a Was passt zusammen? Ordnen Sie zu und verbinden Sie die Sätze mit *denn*.

!
Der Müll steht neben der Tonne. Die Mülltonne ist voll.
Der Müll steht neben der Tonne, **denn** die Mülltonne ist voll.

Wir müssen den Kinderwagen hoch tragen. **1** ○	○ **A** Das Licht funktioniert nicht.
Freunde können uns nicht besuchen. **2** ○	○ **B** Die Klingel ist kaputt.
Es ist gefährlich im Treppenhaus. **3** ○	○ **C** Der Aufzug ist kaputt.

4b Wählen Sie ein Problem in 4a aus und schreiben Sie einen formellen Brief.

C Auf dem Spielplatz

1 Bilden Sie Sätze und zeigen Sie auf dem Bild.

1.	Im Sandkasten	hat	auf der Schaukel.
2.	Zwei Frauen	spielt	mit Autos.
3.	Ein Junge	sitzt	zwei Kinder.
4.	Ein Junge	sitzen	zu seiner Mutter.
5.	Ein Mädchen	kommt	auf einer Bank.
6.	Das Mädchen	spielen	Durst.
7.	Ein Junge	sieht	glücklich aus.

2a Lesen Sie beide Aussagen. Hören Sie dann den Dialog und kreuzen Sie an: Welche Aussage passt? 2.50

- ○ **A** Zwei Frauen sind auf einem Spielplatz. Ein Kind hat Durst.
- ○ **B** Die Frauen sind Freundinnen. Sie kommen oft zusammen auf den Spielplatz.

2b Hören Sie noch einmal und kreuzen Sie an: richtig oder falsch? 2.50

	R	F
1. Der Junge möchte trinken.	○	○
2. Die Mutter gibt ihm Tee.	○	○
3. Am Anfang sagen Kouma und Renate „du“.	○	○
4. Das Mädchen ist drei Jahre alt.	○	○
5. Die Kinder gehen schon in den Kindergarten.	○	○
6. Der Sohn von Kouma spricht Französisch.	○	○
7. Er versteht ein bisschen Deutsch.	○	○

3a Wie geht es weiter? Sammeln Sie Ideen und stellen Sie sie im Kurs vor.

Die Frauen trinken ...

Die Kinder streiten ...

Sie gehen zusammen ...

3b Hören Sie den Dialog weiter. Kreuzen Sie in 3a an: Was haben Renate und Kouma wirklich gemacht? 2.51

4 Ordnen Sie die Satzteile zu und lesen Sie die Geschichte vor.

Ü18

Gestern war Kouma	1	A	Nina und ist drei Jahre alt.
Anu hatte	2	B	Kindergarten.
Eine Frau hat	3	C	auf dem Spielplatz.
Sie heißt	4	D	Kouma Tee für Anu gegeben.
Sie hat eine Tochter. Sie heißt	5	E	sind zu Renate gegangen und haben Kaffee getrunken.
Nina geht bald in den	6	F	Durst.
Dann hat es geregnet und alle	7	G	Renate.

5a Kinderbetreuung in Deutschland. Lesen Sie den Infokasten.

i

Die meisten Kinder gehen mit drei Jahren in eine Kindertagesstätte (Kita) oder einen Kindergarten. Auch sehr kleine Kinder können schon eine Kita besuchen. Die Eltern bezahlen Geld für die Kita. Manche Kinder haben eine Tagesmutter. Eine Tagesmutter betreut drei bis vier Kinder und bekommt dafür Geld von den Eltern.

5b Vergleichen Sie: Wie ist das in Ihrer Heimat? Gibt es Kindergärten? Wer betreut die Kinder?

Kinder mit ... Jahren gehen ...
Ich finde, die Kinderbetreuung in ... ist besser/schlechter als in ...
Ich glaube, es gibt mehr/weniger Kindergärten ...
Die Kinder gehen früher/später in ...
Die Großmutter betreut ...

14 Alles klar!

Kommunikation

1 **Smalltalk im Treppenhaus. Was passt zusammen? Ordnen Sie zu und kontrollieren Sie dann mit der CD.** 2.52

Schönes Wetter heute.	1 ○	○ A	Nicht schlecht. Und Ihnen?
Haben Sie schon gehört, im dritten Stock sind neue Mieter.	2 ○	○ B	Nein, noch nicht so lange, seit drei Monaten.
Wohnen Sie schon lange hier?	3 ○	○ C	Ja, wir haben wirklich Glück mit dem Wetter.
Guten Morgen, Frau Kuhn, wie geht's?	4 ○	○ D	Ich kann leider nicht um sieben, vielleicht komme ich später.
Kommen Sie morgen auch zum Hoffest?	5 ○	○ E	Ja, ich habe sie schon kurz kennengelernt. Ich glaube, sie sind sehr nett.

2 **Sie schreiben einen Brief an die Hausverwaltung. Ergänzen Sie den Brief.**

____
____
____

Hausverwaltung Mühsam
Herr Ernst
Rheinstraße 57
53117 Bonn

__________, den __________

Klingel kaputt

Sehr __________ Herr Ernst,

wir haben ein Problem: Die Klingel ist seit Wochen kaputt. Der Briefträger kann nicht ins Haus. Besucher müssen immer anrufen oder die Haustür ist immer geöffnet.

Das ist für __________ sehr __________.
__________ Sie die __________ bald reparieren?
Vielen __________!

Mit __________ Grüßen,
____

Wortschatz

3 Lösen Sie das Kreuzworträtsel.

1. Ich habe ... , dann muss ich etwas essen.
2. Kinder spielen oft auf einem ...
3. Unter einen Brief schreibt man z. B. „Mit freundlichen ...“.
4. Man schreibt seinen Namen unter einen Brief. Das ist die ...
5. Die Klingel ist kaputt, sie ... nicht.
6. Kleine Kinder können noch nicht laufen. Dann braucht man einen ...
7. Eine ... betreut drei bis vier Kinder und bekommt dafür Geld.
8. Ich habe ... , dann muss ich etwas trinken.
9. Viele Leute feiern zusammen, das ist ein ...
10. Man beginnt den Brief mit einer ... , z. B. „Sehr geehrte Frau Trapp“.
11. Der Aufzug ist kaputt, dann muss man zu Fuß die ... benutzen.

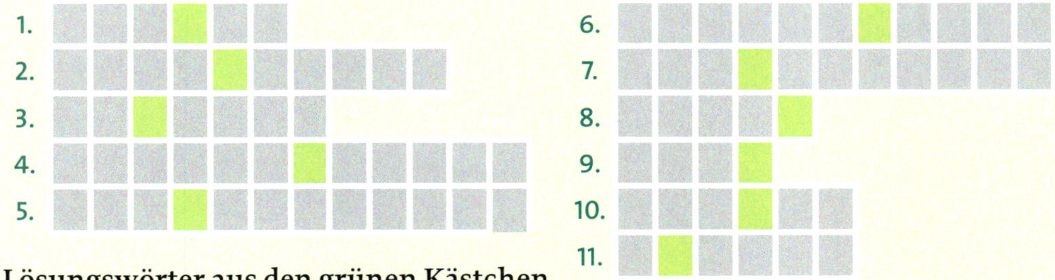

Lösungswörter aus den grünen Kästchen

Wir haben wirklich ______________ mit dem ______________ !

Grammatik

4 Was passt zusammen? Verbinden Sie und schreiben Sie die Sätze mit *denn*.

Ich habe keine Zeit. **1** o
Er kann nicht arbeiten. **2** o
Wir gehen morgen zum Standesamt. **3** o
Wir müssen warten. **4** o

o **A** Er ist krank.
o **B** Die Ampel ist rot.
o **C** Ich muss noch die Wohnung aufräumen.
o **D** Wir wollen heiraten.

Flüssig sprechen

5 Hören Sie zu und sprechen Sie nach. 2.53

14 Gewusst wie

Kommunikation

Beschreiben, wie Sie wohnen

Ich wohne in einem Mietshaus im dritten Stock. Neben uns wohnt eine alte Dame mit einem Hund. Vor unserem Haus ist eine Straße. Hinter unserem Haus ist ein Hof. Da stehen unsere Fahrräder und die Mülltonnen. Das Haus gefällt uns gut, wir wohnen gern da.

Smalltalk – in Kontakt kommen

Sind Sie auch neu hier?
Wir haben uns schon oft gesehen, mein Name ist ...
Schönes Wetter heute.

Über Probleme im Haus sprechen

Es gibt viele Probleme in unserem Haus. Die Klingel funktioniert manchmal nicht. Das Licht ist auch oft kaputt.

Einen formellen Brief schreiben

Absender: Juliane Neumann
Sandweg 70
60316 Frankfurt

Empfänger: Hausverwaltung Schönbeck
Franz-Metzner-Str. 5
80937 München

Datum: Frankfurt, den 1. 1. 2009

Betreff: Aufzug in der Bahnhofstraße 13

Anrede: Sehr geehrte Frau ... , / Sehr geehrter Herr ... ,
...

Gruß: Mit freundlichen Grüßen

Unterschrift: J. Neumann

Grammatik

Aber – denn – und – oder

Heute habe ich keine Zeit,	aber	morgen	komme	ich gern.
Ich möchte gern ins Kino gehen,	denn	ich	möchte	den James Bond-Film sehen.
Dann gehen wir morgen ins Kino	und	(wir)	sehen	den neuen James-Bond-Film.
Kommst du auch mit	oder		musst	du noch arbeiten?

Station 4

Start A1 – ein Modelltest

Hören

Dieser Test hat drei Teile. Sie hören kurze Gespräche und Ansagen. Zu jedem Text gibt es eine Aufgabe. ***Lesen*** *Sie zuerst die Aufgabe,* ***hören*** *Sie dann den Text dazu. Kreuzen Sie die richtige Lösung an. Schreiben Sie zum Schluss Ihre Lösungen auf den* ***Antwortbogen*** *auf Seite 163.*

Teil 1 Kreuzen Sie an: Ⓐ, Ⓑ oder Ⓒ. Sie hören jeden Text **zweimal**. 2.54

Beispiel: **Wann gehen Anja und Karin ins Kino?**

Ⓐ Am Freitag.

Ⓑ Am Samstag.

☒ Am Sonntag.

1 Was kosten die Schuhe?

Ⓐ Neunundvierzig Euro.

Ⓑ Fünfzig Euro.

Ⓒ Fünfunddreißig Euro.

2 Wann beginnt der Deutschkurs morgen?

Ⓐ Um 13 Uhr.

Ⓑ Um 13.15 Uhr.

Ⓒ Um 13.45 Uhr.

3 Wie kommt er zum Bahnhof?

Ⓐ Geradeaus.

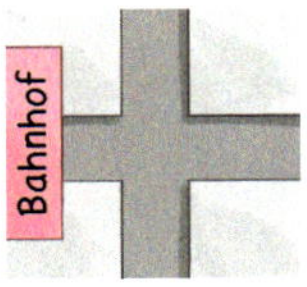

Ⓑ Die nächste Straße links.

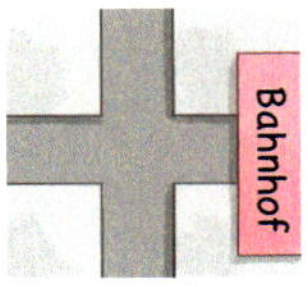

Ⓒ Die nächste Straße rechts.

4 Wann soll Frau Stark die Tabletten nehmen?

Ⓐ Vor dem Essen.

Ⓑ Nach dem Essen.

Ⓒ Zum Essen.

Station 4

5 Wie kommt Herr Wang jetzt zum Deutschkurs?

Ⓐ Mit dem Fahrrad.

Ⓑ Zu Fuß.

Ⓒ Mit dem Bus.

6 Was soll Anna zum Grillfest mitbringen?

Ⓐ Fleisch.

Ⓑ Salat.

Ⓒ Brot.

Teil 2 Kreuzen Sie die richtige Lösung an. Sie hören jeden Text **einmal**. 2.55

Beispiel:

Der ICE fährt nach München.	~~Richtig~~ ✗	Falsch
7 Der IC kommt um 13.20 Uhr an.	Richtig	Falsch
8 Herrenschuhe sind heute im Kaufhaus billiger.	Richtig	Falsch
9 Frau Malzahn soll zum Informationsschalter in Halle drei kommen.	Richtig	Falsch
10 Die S-Bahn nach Frankfurt fährt heute auf Gleis drei.	Richtig	Falsch

Teil 3 Kreuzen Sie an: Ⓐ, Ⓑ oder Ⓒ. Sie hören jeden Text **zweimal**. 2.56

11 Die Praxis von Dr. Mocker ist:
Ⓐ am Dienstagnachmittag geöffnet.
Ⓑ am Mittwochvormittag geschlossen.
Ⓒ am Mittwochnachmittag geöffnet.

12 Wo wartet der Mann?
Ⓐ An der Information.
Ⓑ Vor dem Bahnhof.
Ⓒ Auf dem Gleis.

13 Monika kommt heute:
Ⓐ nicht zu Eric.
Ⓑ sofort zu Eric.
Ⓒ später zu Eric.

14 An welchen Tagen kommt Holger Baum nicht zur Arbeit?
Ⓐ Am Montag.
Ⓑ Morgen.
Ⓒ Heute und morgen.

15 Die Handynummer von der Frau ist:
Ⓐ 0171 – 334 427.
Ⓑ 0171 – 330 427.
Ⓒ 0171 – 335 427.

Lesen

Teil 1 Lesen Sie die beiden Texte und die Aufgaben 1–5. Kreuzen Sie an: Richtig oder Falsch. Schreiben Sie die Lösungen auf den **Antwortbogen** auf Seite 163.

Verfassen

Hallo Petra, ich bin noch im Büro, ich kann heute Abend nicht zum Kino kommen, mein Auto ist kaputt. Vielleicht können wir morgen Abend den Film sehen? Liebe Grüße Nanetta

Liebe Mieter,
am Montag, den 1. April zwischen 8 und 13 Uhr kommt die Heizungsfirma Hoffmann für die jährlichen Wartungsarbeiten. Die Firma muss alle Heizungen kontrollieren. Bitte bleiben Sie zu Hause oder geben Sie einem Nachbarn Ihren Wohnungsschlüssel.
Haben Sie Fragen, dann rufen Sie bitte die Heizungsfirma Hoffmann direkt an: Tel. 040 – 231 456 19 (Herr Schnell).
Mit freundlichen Grüßen
Hausverwaltung Wartemann

Beispiel:
Petra ist zu Hause. Richtig ~~Falsch~~ (X)

1 Nanetta kann heute nicht ins Kino gehen. Richtig Falsch
2 Nanetta möchte am nächsten Abend ins Kino gehen. Richtig Falsch
3 Am Montag kontrolliert die Hausverwaltung die Heizungen. Richtig Falsch
4 Die Firma Hoffmann kommt den ganzen Tag. Richtig Falsch
5 Die Mieter müssen am Montag zu Hause bleiben. Richtig Falsch

Teil 2 Lesen Sie die Texte und die Aufgaben 6–10. Wo finden Sie Informationen? Kreuzen Sie an: Ⓐ oder Ⓑ? Schreiben Sie die Lösungen auf den **Antwortbogen** auf Seite 163.

Beispiel: **Familie Weiß (3 Personen, 1 Hund) sucht eine Dreizimmerwohnung.**

3 Zi, Kü, Bad, ZH, kein Aufzug, sonnig, 770 € + NK, Tel. 089 992367

3 Zi, Kü, Bad, Aufzug, keine Hunde, ab sofort, 650 € + NK, Tel. 089 445391

☒ Tel. 089 992367 Ⓑ Tel. 089 445391

6 Sie suchen eine Waschmaschine für ca. 400 €.

Superangebot!
Küchenmöbel, Schränke und Stühle für unter 200 €.
Spülmaschine (ökologisch), 2 Jahre alt für nur 300 €.
Tel. 0171 330877

Superangebot!
Verschiedene Haushaltsgeräte, u. a. auch Waschmaschinen und Spülmaschinen zum Preis von 300 – 600 €.
Tel. 030 356 211

Ⓐ Tel. 0171 330877 Ⓑ Tel. 030 356 211

Station 4

7 **Sie suchen für Ihren Freund eine Arbeit.**
Ihr Freund kann nur am Wochenende. Er hat keinen Führerschein.

> **Fahrer/-in gesucht**
> Samstag und Sonntag,
> gute Bezahlung
> Tel. 02416 – 3100

> **Gesucht:**
> Mitarbeiter in der Großküche eines
> Restaurants, Bezahlung 8 € / Stunde
> Tel. 02417 – 4356 10

Ⓐ Tel. 02416 – 3100　　Ⓑ Tel. 02417 – 4356 10

8 **Sie sind in Dresden und möchten am Vormittag mit dem Zug in Frankfurt sein. Wo finden Sie Informationen?**

Ⓐ

Bahnhof	Datum	Zeit	Dauer	Umsteigen	Produkte
Dresden	Sa 22.4.	Ab 11:55	4:42	1	D, IC
Frankfurt	Sa 22.4.	An 16:37			

Ⓑ

Bahnhof	Datum	Zeit	Dauer	Umsteigen	Produkte
Dresden	Sa 22.4.	Ab 5:55	4:42	1	D, IC
Frankfurt	Sa 22.4.	An 10:37			

9 **Sie wollen wissen: Regnet es morgen?**

> www.dwd.de
>
> ► **Deutschlandwetter**
> Wetter aktuell
> Gesundheitswetter
> Reisewetter und Verkehr

> www.schwarzwald.de
>
> *Urlaub im Schwarzwald*
> Bei jedem Wetter ein Erlebnis

Ⓐ www.dwd.de　　Ⓑ www.schwarzwald.de

10 **Ihr Computer ist kaputt. Wo finden Sie Hilfe?**

> www.TechnoTeam.de
>
> **Sie haben Probleme, wir haben Lösungen**
> Unser Team hilft schnell und kompetent bei allen Problemen rund um den Computer.

> www.computerhaus.de
>
> **Computer, Drucker, Scanner und vieles mehr.**
> Super Sonderangebote das ganze Jahr.

Ⓐ www.TechnoTeam.de　　Ⓑ www.computerhaus.de

Teil 3 Lesen Sie die Texte und die Aufgaben 11–15. Kreuzen Sie an: Richtig oder *Falsch*.
Schreiben Sie die Lösungen auf den **Antwortbogen** auf Seite 163.

Beispiel: In der S-Bahn

Die S-Bahn-Linie S1 fährt heute nur bis zum Hauptbahnhof. Zur Weiterfahrt nach Griesheim nehmen Sie bitte die S2.

Heute fahren alle S-Bahnen nur bis zum Hauptbahnhof. Richtig ~~*Falsch*~~ ✗

11 In der Schule

Das Schulbüro ist heute wegen Krankheit geschlossen.
Morgen ist das Büro nur am Nachmittag von 14–15 Uhr geöffnet.

Das Schulbüro ist heute Nachmittag geschlossen. Richtig *Falsch*

12 An der Bäckerei

Neue Öffnungszeiten!
Ab sofort haben wir auch am Sonntag von 8–11 Uhr für Sie geöffnet und bieten Ihnen Brötchen und Kuchen an.

Man kann jetzt am Sonntag frische Brötchen kaufen. Richtig *Falsch*

13 An der Tür vom Wohnungsamt

Wegen Betriebsausflug bleibt das Wohnungsamt am Montag, den 22.7. den ganzen Tag geschlossen. Formulare können Sie in den Briefkasten rechts neben der Eingangtür einwerfen.

Das Wohnungsamt ist am Montag immer geschlossen. Richtig *Falsch*

14 Auf Ihrem Schreibtisch im Büro

Herr Wachsmeier von der Firma Techorama hat angerufen. Er braucht den Preis von dem DL 220. Können Sie Ihn bitte heute Nachmittag nach 15 Uhr zurückrufen?

Herr Wachsmeier ruft heute Nachmittag an. Richtig *Falsch*

15 Am Ärztehaus

Dr. Hell
AUGENARZT

Sprechzeiten

Montag bis Freitag	9–12 Uhr
Dienstag und Donnerstag	15–18 Uhr

Dr. Hell hat am Donnerstagvormittag Sprechzeit. Richtig *Falsch*

Station 4

Schreiben

Teil 1 Ihr Freund Roberto Maren möchte in der Sprachschule einen Sprachkurs machen. Er kann noch kein Deutsch, aber er spricht Französisch und Spanisch. Er ist am 3. 1. 1988 in Santa Cruz geboren und lebt jetzt in Bielefeld (33739 Bielefeld, Beckendorfer Straße 12). Er möchte den Sprachkurs mit Kreditkarte bezahlen. Helfen Sie ihm und füllen Sie das Formular aus. Am Ende übertragen Sie Ihre Lösungen bitte auf den **Antwortbogen** auf Seite 163.

Lingua
SPRACHSCHULE

Maren
NAME

Roberto
VORNAME

Beckendorfer Straße 12
STRASSE, HAUSNUMMER

1
PLZ

2
ORT

3
GEBURTSDATUM

4
GEBURTSORT

5
SPRACHEN

Die Kursgebühr wird am 1. Kurstag fällig.
ICH ZAHLE ○ BAR ○ MIT ÜBERWEISUNG ○ MIT KREDITKARTE

Teil 2 Schreiben Sie einen Brief an Ihre Freundin.

Ihre Freundin hat Sie zur Hochzeit am 8. August nach Wien eingeladen.
- Sie möchten gern kommen.
- Sie möchten Ihre Freundin / Ihren Freund mitbringen.
- Bitten Sie um Hoteladressen.

Schreiben Sie zu jedem Punkt ein bis zwei Sätze.
Schreiben Sie auch eine Anrede und einen Schluss auf den **Antwortbogen** auf Seite 164.

Mündliche Prüfung

Teil 1 Sich vorstellen.

Name?

Alter?

Land?

Wohnort?

Sprachen?

Beruf?

Hobby?

Teil 2 Um Informationen bitten und Informationen geben.

Beispiel:

Frage: Haben Sie Kinder?

Antwort: Nein, ich habe keine Kinder.

Thema: Familie **Kinder**	Thema: Familie **verheiratet**	Thema: Familie **Heimat**
Thema: Familie **Deutschland**	Thema: Familie **Großeltern**	Thema: Familie **Verwandte**
Thema: Familie **besuchen**	Thema: Familie **Geschwister**	

Station 4

Teil 3 Bitten formulieren und darauf reagieren.

Beispiel:

Bitte: Entschuldigung, können Sie mir bitte einen Kugelschreiber geben?

Reaktion: Ja gern, bitte schön.

1

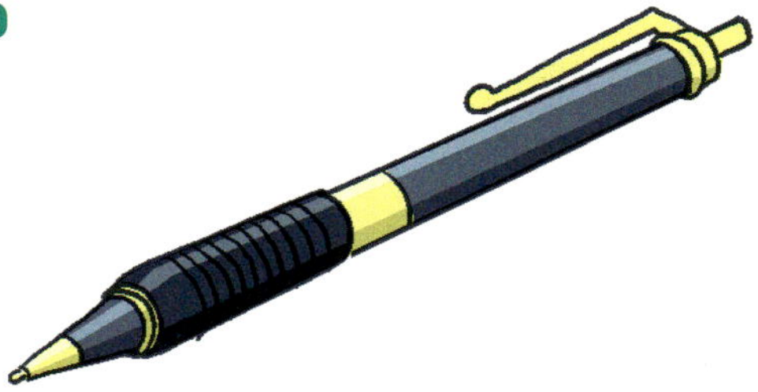

2

3

4

5

6

7

8

Modelltest Antwortbogen

Familienname des Teilnehmenden: ______________________________

Vorname: ______________________________

Hören

Teil 1

1	Ⓐ	Ⓑ	Ⓒ
2	Ⓐ	Ⓑ	Ⓒ
3	Ⓐ	Ⓑ	Ⓒ
4	Ⓐ	Ⓑ	Ⓒ
5	Ⓐ	Ⓑ	Ⓒ
6	Ⓐ	Ⓑ	Ⓒ

Teil 2

7	Richtig	*Falsch*
8	Richtig	*Falsch*
9	Richtig	*Falsch*
10	Richtig	*Falsch*

Teil 3

11	Ⓐ	Ⓑ	Ⓒ
11	Ⓐ	Ⓑ	Ⓒ
13	Ⓐ	Ⓑ	Ⓒ
14	Ⓐ	Ⓑ	Ⓒ
15	Ⓐ	Ⓑ	Ⓒ

Lesen

Teil 1

1	Richtig	*Falsch*
2	Richtig	*Falsch*
3	Richtig	*Falsch*
4	Richtig	*Falsch*
5	Richtig	*Falsch*

Teil 2

6	Ⓐ	Ⓑ	Ⓒ
7	Ⓐ	Ⓑ	Ⓒ
8	Ⓐ	Ⓑ	Ⓒ
9	Ⓐ	Ⓑ	Ⓒ
10	Ⓐ	Ⓑ	Ⓒ

Teil 3

11	Richtig	*Falsch*
12	Richtig	*Falsch*
13	Richtig	*Falsch*
14	Richtig	*Falsch*
15	Richtig	*Falsch*

Schreiben

Teil 1

1 ______________________________

2 ______________________________

3 ______________________________

4 ______________________________

5 ______________________________

Modelltest Antwortbogen

Schreiben

Teil 2 Schreiben Sie Ihren Text hier (ca. 30 Wörter).

Phonetik

LEKTION 1

Willkommen!

Rhythmisch sprechen

1 Hören Sie, klatschen Sie die Silben und sprechen Sie nach. 1.57

Gu ten Tag. Wie geht's?

Wie geht es Ih nen? Dan ke gut. Und Ih nen?

2a Schwere und leichte Silben. Hören Sie, klatschen Sie und sprechen Sie nach. 1.58

Gu ten Tag. Wie geht's? Dan ke gut. Und Ih nen?

Ent schul di gung, wie hei ßen Sie? Mein Na me ist ...

2b Sprechen Sie die Dialoge mit Ihrem Partner.

LEKTION 2

Alte Heimat, neue Heimat

Der Wortakzent

Jedes Wort hat eine betonte (wichtige Silbe). Das ist der Wortakzent.

Beispiel: der **Blei**stift

Klatschen Sie den Wortakzent so:

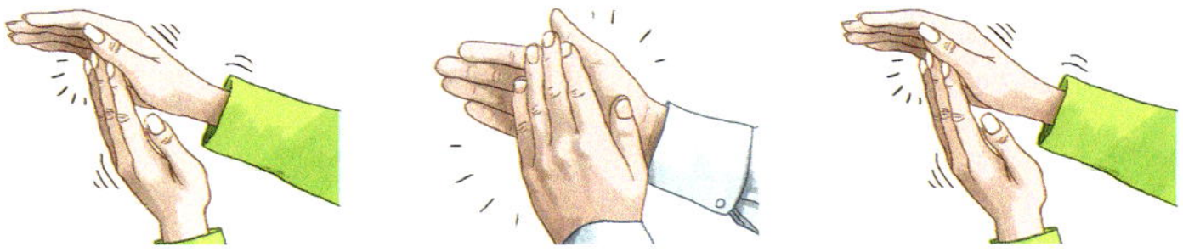

der *Blei* *stift*

1 Hören Sie, klatschen Sie und sprechen Sie nach. 1.59

das **Fen** ster – der **Leh** rer – die **Leh** re rin – der **Plus** punkt

2a Hören Sie die Wörter und markieren Sie den Wortakzent. 1.60

Deutsch land – Eu ro pa – Af ri ka – A sien – A me ri ka – Aus tra lien

2b Wie heißt Ihr Land auf Deutsch? Schreiben Sie und markieren Sie den Wortakzent.

Ich komme aus ______, das liegt in ______.

2c Fragen und antworten Sie im Kurs. Achten Sie auf den Wortakzent.

LEKTION 3

Wohnen in Deutschland

Die Vokale *a e i o u*

1 Hören Sie zu und sprechen Sie nach. 1.61

a das Schlafzimmer – das Bad – das Regal – die Lampe – der Schrank – schwarz
e zehn – der Herd – wie geht's – das Bett – der Sessel – gelb
i wie – der Spiegel – lila – das Bild – der Tisch – das Kind
o wohnen – das Sofa – groß – kommen – kosten – Willkommen
u der Stuhl – die Blume – das Buch – der Kurs – und – die Nummer

2a Hören Sie und ergänzen Sie die Vokale. 1.62

- G__ten T__g, w__e __st __hr N__me?
- G__ten T__g, mein N__me __st Kleev.
- W__e bitte?
- Mom__nt, __ch buchstab__ere: K L E E V.
- W__hnen S__e sch__n l__nge h__er?
- J__, sch__n z__hn J__hre.
- W__s s__nd S__e v__n Ber__f?
- L__hrer.

2b Hören Sie noch einmal und sprechen Sie nach. 1.63

LEKTION 4

Meine Familie

Das *er* in der Endung

1a Hören Sie und markieren Sie den Wortakzent. 1.64

der Vater – die Mutter – der Bruder – die Schwester – die Geschwister – die Tochter – die Eltern

Das *er* in der Endung spricht man wie ein schwaches *a*. Man hört kein *r*!

1b Hören Sie noch einmal und sprechen Sie nach. 1.65

Das *e* in der Endung

2a Hören Sie und markieren Sie den Wortakzent. 1.66

die Tante – die Nichte – der Neffe – die Cousine – der Onkel – die Familie

In der Endung spricht man das *e* schwach: die Tante – der Onkel

2b Hören Sie noch einmal und sprechen Sie nach. 1.67

3 Sprechen Sie die Pluralformen und achten Sie auf den Wortakzent und die Endungen.

das Heft – die Hefte
der Stift – die Stifte
der Film – die Filme
der Freund – die Freunde

der Sohn – die Söhne
das Buch – die Bücher
der Mann – die Männer
das Kind – die Kinder

das Bild – die Bilder
das Land – die Länder

LEKTION 5 Mein Tag, meine Woche

Lange und kurze Vokale

1 Hören Sie zu und sprechen Sie nach. 1.68

lange Vokale: der Tag – wie geht's – auf Wiedersehen – wohnen – Fußball
kurze Vokale: wann – enden – schwimmen – Hobby – der Junge

Lange Vokale markiert man so: *der Tag*
Kurze Vokale markiert man so: *wann*

2a Suchen Sie die Wörter in der alphabetischen Wortliste (ab S. 203) und markieren Sie die Vokale.

Montag Dienstag Mittwoch Donnerstag Freitag Samstag Sonntag

2b Hören Sie die Wochentage und sprechen Sie nach. 1.69

lang 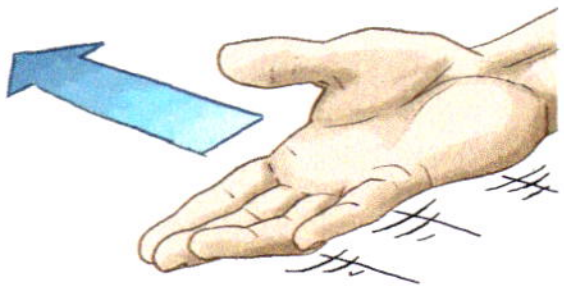

kurz 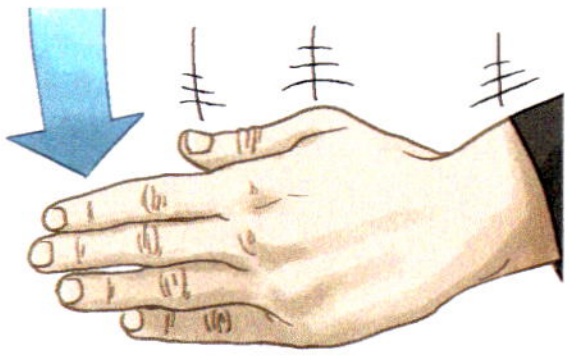

3 Fragen und antworten Sie. Achten Sie auf die Vokale.

Was machst du am Montag?

Am Montag gehe ich schwimmen.

... gehe ich schwimmen.
... koche ich.
... fahre ich Fahrrad.

LEKTION 6

Guten Appetit

Die Umlaute *ä ö ü*

1a Hören Sie zu und sprechen Sie nach. 1.70

ä der Käse – das Hähnchen – zwei Äpfel – die Getränke
ö das Brötchen – schön – die Köchin – ich möchte
ü das Müsli – die Tüte – wünschen – Tschüss

1b Hören Sie noch einmal und markieren Sie: Ist der Vokal lang oder kurz? 1.70

2a Das *i* und das *ü*. Mundgymnastik. Hören Sie zu und sprechen Sie nach. 1.71

iiiii üüüüü iii üüü i ü iü iü

2b Hören Sie und kreuzen Sie an: Welchen Namen hören Sie? 1.72

1. O Bittner O Büttner 2. O Bühler O Bieler 3. O Miller O Müller

3a Das *e* und das *ö*. Mundgymnastik. Hören Sie zu und sprechen Sie nach. 1.73

eeeee ööööö eee ööö e ö eö eö

3b Hören Sie und kreuzen Sie an: Welchen Namen hören Sie? 1.74

1. O Werner O Wörner 2. O Kehler O Köhler 3. O Hehne O Höhne

4 Wählen Sie einen Namen und stellen Sie sich vor. Machen Sie Dialoge wie im Beispiel.

Guten Tag, mein Name ist Bühler.

Guten Tag, Frau Biehler.

Nein, Bühler ist mein Name.

Entschuldigung, Frau Bühler.

LEKTION 7

Meine Arbeit

Die Diphtonge *ei au eu*

1 Hören Sie zu und sprechen Sie nach. 1.75

eu neu – Deutsch – Euro – der Freund – heute – der Verkäufer
au verkaufen – die Hausaufgabe – draußen – zu Hause – aus
ei der Teilnehmer – überweisen – allein – reisen – bei – seit

ℹ äu = eu ai = ei

2a Was ist er von Beruf? Hören Sie den Dialog und ergänzen Sie *ei, au* oder *eu*. 1.76

- Müssen Sie früh ___ fstehen?
- Ja, manchmal muss ich früh ___ fstehen.
- Arbeiten Sie dr ___ ßen?
- Ja, manchmal arbeite ich dr ___ ßen, manchmal arbeite ich aber ___ ch im H ___ s.
- Arbeiten Sie all ___ ne?
- Ja, oft arbeite ich all ___ ne.
- R ___ sen Sie viel?
- Nein, ich muss l ___ der nicht r ___ sen.
- Br ___ chen Sie ___ n ___ to?
- Ja, manchmal muss ich etwas ___ nkaufen, dann br ___ che ich ___ n ___ to.
- Arbeiten Sie h ___ te?
- Nein, h ___ te habe ich Url ___ b.

Er ist Hausmeister.

2b Hören Sie noch einmal und sprechen Sie nach. 1.77

3 Fragen und antworten Sie.

- Müssen Sie früh aufstehen?
- Arbeiten Sie draußen?
- Arbeiten Sie alleine?
- Reisen Sie viel?
- Brauchen Sie ein Auto?

LEKTION 8

Gute Besserung!

Das *pf*

1 Hören Sie zu und sprechen Sie nach. 2.57

pfffff pfffff der Kopf – der Schnupfen

Mein Kopf tut weh. Ich habe Kopfschmerzen und Schnupfen.

Sprechen Sie das p *nicht zu stark, das* f *muss man deutlich hören.*

Das *z*

2a Hören Sie zu und sprechen Sie nach. 2.58

der Zahn – der Zucker – die Zeit – der Zahnarzt – die Schmerzen – die Ärztin – das Rezept – bezahlen – plötzlich – jetzt – verletzt

Das z *(und das* tz*) spricht man wie ein* ts.

2b Hören Sie zu und sprechen Sie nach. 2.59

die Nationalität – die Information

Die Endung -tion *spricht man* zion.

2c Machen Sie Dialoge wie im Beispiel.

- Sie haben Kopfschmerzen: Wohin gehen Sie?
- Zum Hausarzt.

Zahnschmerzen – zum Zahnarzt
Ohrenschmerzen – zum Hals-Nasen-Ohren-Arzt
Schmerzen im Auge – zum Augenarzt
Halsschmerzen – zum Hausarzt
Schmerzen in der Brust – zum Krankenhaus
Rückenschmerzen – zum Hausarzt
Ihr Kind hat Bauchschmerzen – zum Kinderarzt

LEKTION 9

Meine Wege durch die Stadt

Das *ch*

1 Der Ach-Laut. Hören Sie zu und sprechen Sie nach. 2.60

Wochenende – Besuch – machen – Kuchen
Am Wochenende kommt Besuch, ich mache einen Kuchen.

brauchen – kochen – Buch
Brauchst du ein Kochbuch?

Nach a, o, u *und* au *spricht man den Ach-Laut.*

2a Der Ich-Laut. Hören Sie zu und sprechen Sie nach. 2.61

ich – möchte – täglich – sprechen
Ich möchte täglich sprechen.

Milch – schlecht
Die Milch ist schlecht.

Küche – gleich – rechts
Die Küche ist gleich rechts.

Jugendliche – manchmal – ein bisschen
Jugendliche sind manchmal ein bisschen anstrengend.

Der Ich-Laut ist leicht zu sprechen. Sagen Sie ja, *sprechen Sie ein langes* j – jjjja.
Jetzt ohne Stimme. Holen Sie viel Luft und flüstern Sie: jjjja. *Das ist der Ich-Laut.*

2b Das *chs*. Hören Sie zu und sprechen Sie nach. 2.62

sechs – Erwachsene – wechseln

3a Wo spricht man den Ach-Laut? Markieren Sie.

das Buch – die Bücher – der Koch – die Köchin – die Sprache – sprechen
Welche Sprachen sprechen Sie? Welche Sprachen sprichst du?

3b Hören Sie zur Kontrolle und sprechen Sie nach. 2.63

3c Fragen und antworten Sie.

- Was ist Ihre Muttersprache?
- Sprechen Sie auch Spanisch?
- Sprechen Sie auch ...?

- Meine Muttersprache ist ...
- Ja, natürlich.
- Ja, ein bisschen.
- Nein, leider nicht.

LEKTION 10 Mein Leben

Das *nk*

1a Hören Sie zu. 2.64

die Bank – nach links – danke – krank – trinken – das Getränk – der Enkel – der Onkel

1b Hören Sie noch einmal und sprechen Sie nach. 2.65

Das *ng*

2a Hören Sie zu. 2.66

die Wohnung – langsam – langweilig – der Junge – lange geschlafen – der Hunger – dringend – bringen
die Zeitung – die Zeitungen
die Kreuzung – viele Kreuzungen
die Überweisung – zwei Überweisungen

Beim ng *hört man das* g *nicht.*

Aber: ein·ge·kauft – un·ge·fähr – An·ge·bot

2b Hören Sie noch einmal und sprechen Sie nach. 2.67

2c Hören Sie und machen Sie Dialoge wie im Beispiel. 2.68

- Wohin bist du gegangen?
- Ich bin zum Friseur gegangen.

zur Bank – in die Disko – in die Stadt – zum Zahnarzt – zum Friseur – zum Fitnesscenter nach Hause

LEKTION 11

Ämter und Behörden

Wortgruppen sprechen

1a Hören Sie zu und sprechen Sie langsam und deutlich nach. 2.69

das Auto anmelden
Kindergeld beantragen
die Wohnung anmelden
einen Antrag abgeben
ein Formular ausfüllen
ein Formular abholen
den Mietvertrag abgeben
die Gehaltsabrechnung abgeben
das Geburtsdatum eintragen

1b Schneller sprechen. Hören Sie und markieren Sie: Welches Wort ist betont? 2.70

1c Hören Sie noch einmal und sprechen Sie nach. 2.71

1d Machen Sie Dialoge wie im Beispiel.

- Hallo, was machst du hier? Möchtest du das Auto anmelden?
- Nein, ich muss das Kindergeld beantragen.

LEKTION 12

Im Kaufhaus

Wortakzent bei Komposita

1a Hören Sie die Wörter und markieren Sie die Wortakzente und die Vokallänge. 2.72

die Mode

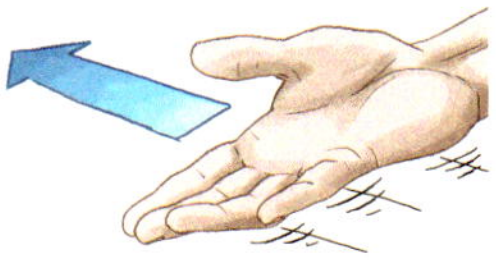

der Schmuck

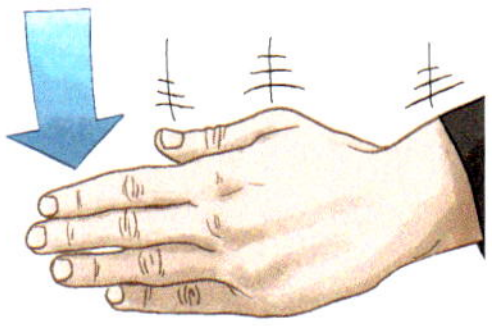

die Mode
der Winter
die Dame
der Computer
das Baby
der Herr

der Schmuck
der Mantel
das Kleid
das Spiel
die Wäsche
der Friseur

der Modeschmuck
der Wintermantel
das Damenkleid
das Computerspiel
die Babywäsche
der Herrenfriseur

1b Hören Sie noch einmal und sprechen Sie nach. 2.73

LEKTION 13

Auf Reisen

Das *r*

1a Hören Sie zu und sprechen Sie nach. 2.74

groß – grillen – die Gruppe – krank
drei – trinken – treffen – die Adresse
fragen – der Preis – der Strand – die Brücke
nach Russland – einfach reisen – einfach reservieren – ach Regen
der Beruf – zurück – berühmt – direkt

Wenn man mit Wasser gurgelt, entsteht das deutsche hintere r. *Ohne Wasser: Sprechen Sie ein kräftiges* g, *lösen Sie den Verschluss der Zunge langsam:* gch. *Geben Sie jetzt Ihre Stimme dazu (singen Sie):* rrrrr.

1b Hören Sie zu und sprechen Sie nach. 2.75

besser – lieber – schneller – langsamer – die Nummer – das Wasser – das Zimmer – der Computer – der Teilnehmer – der Kursleiter

Das r *in der Endung spricht man nicht.*
Aber: die Teilnehmerin – die Kursleiterin

1c Hören Sie und machen Sie Dialoge wie im Beispiel. 2.76

- Frankfurt ist groß.
- Ja, aber meine Stadt ist größer.

- In Deutschland ist es kalt.
- Ja, aber in ______ ist es kälter.

- Der Frühling ist warm.
- Ja, aber ______ ist wärmer.

- Das Buch ist gut.
- Ja, aber ______ ist besser.

LEKTION 14

Zusammen leben

Das *h*

1 Hören Sie zu und sprechen Sie nach. 2.77

hinter dem Haus –
im Hof ist ein Hund –
Hosen und Hemden –
heute heirate ich

2a Hören Sie und kreuzen Sie an: Welches Wort hören Sie? 2.78

1	O ihr	O hier	4	O alt	O halt
2	O aus	O Haus	5	O Ende	O Hände
3	O Eis	O heiß	6	O und	O Hund

Hallo Andy, gib mir das Handy.

2b Hören Sie die Wortpaare und sprechen Sie nach. 2.79

Vokal + *h*

3a Hören Sie zu und sprechen Sie nach. 2.80

Er fährt zu seiner Wohnung. Er sieht sehr fröhlich aus.

Das h *nach einem Vokal spricht man nicht, der Vokal ist immer lang.*
(ah, eh, ieh, oh, uh, äh, öh, üh).

3b Machen Sie Dialoge wie im Beispiel.

- Kann ich Ihnen helfen?
- Ja, ich hätte gern eine Hose.
- Bitte, hier sind Hosen.

ein Hemd, -en	ein Handy, -s
ein Heft, -e	ein Hähnchen, -
ein Fahrrad, "-er	ein Stuhl, "-e
Honig	Hackfleisch

Grammatik im Überblick

1 Verben

1a Präsens

Regelmäßige Verben

Infinitiv		kommen	heißen	arbeiten*
Singular	**ich**	komme	heiße	arbeite
	du	kommst	heißt	arbeitest
	er/es/sie/man	kommt	heißt	arbeitet
Plural	**wir**	kommen	heißen	arbeiten
	ihr	kommt	heißt	arbeitet
	sie/Sie	kommen	heißen	arbeiten

Woher kommen Sie?

*genauso: antworten: er/sie antwortet
abmelden: er/sie meldet ab
heiraten: er/sie heiratet
kosten: er/sie kostet
bedeuten: er/sie bedeutet
reden: er/sie redet

Verben mit Vokalwechsel e→i/ie und a→ä

		e→i	e→ie	a→ä
Infinitiv		**sprechen**	**lesen**	**fahren**
Singular	**ich**	spreche	lese	fahre
	du	sprichst	liest	fährst
	er/es/sie/man	spricht	liest	fährt
Plural	**wir**	sprechen	lesen	fahren
	ihr	sprecht	lest	fahrt
	sie/Sie	sprechen	lesen	fahren

Sie spricht sehr gut Deutsch.

genauso: treffen: er/sie trifft
helfen: er/sie hilft
geben: er/sie gibt
sehen: er/sie sieht
anfangen: er/sie fängt an
anhalten: er/sie hält an
laufen: er/sie läuft
tragen: er/sie trägt
essen: er/sie isst
nehmen: er/sie nimmt
vergessen: er/sie vergisst
schlafen: er/sie schläft
ausfallen: er/sie fällt aus
beraten: er/sie berät
herunterladen: er/sie lädt herunter

Unregelmäßige Verben

Infinitiv		sein	haben	mögen	möchten
Singular	**ich**	bin	habe	mag	möchte
	du	bist	hast	magst	möchtest
	er/es/sie/man	ist	hat	mag	möchte
Plural	**wir**	sind	haben	mögen	möchten
	ihr	seid	habt	mögt	möchtet
	sie/Sie	sind	haben	mögen	möchten

Trennbare Verben

auf|stehen	→	Ich	stehe	um acht Uhr	auf.
ein|kaufen	→	Er	kauft	Lebensmittel	ein.

genauso: abbiegen, abfahren, abgeben, abholen, abmelden, anfangen, anhalten, ankommen, ankreuzen, anmachen, anmelden, annehmen, anprobieren, anrufen, anziehen, aufhören, auflegen, aufmachen, aufräumen, aufstehen, ausfallen, ausfüllen, ausgehen, aussehen, einkaufen, einladen, eintragen, fernsehen, herunterladen, kennenlernen, mitbringen, mitfahren, mitkommen, mitnehmen, stattfinden, umsteigen, umziehen, vorbeikommen, vorlesen, wegfahren, wehtun, weiterfahren, wiederkommen, zurückfahren, zurückkommen

Modalverben

Infinitiv		können	wollen	müssen	sollen	dürfen
Singular	**ich**	kann	will	muss	soll	darf
	du	kannst	willst	musst	sollst	darfst
	er/es/sie/man	kann	will	muss	soll	darf
Plural	**wir**	können	wollen	müssen	sollen	dürfen
	ihr	könnt	wollt	müsst	sollt	dürft
	sie/Sie	können	wollen	müssen	sollen	dürfen

Ich	kann	gut Deutsch	sprechen.
Er	muss	heute um acht Uhr	aufstehen.
Sie	wollen	Deutsch	lernen.
Du	sollst	nicht so viel	arbeiten.
Hier	darf	man nicht	abbiegen.

1b Imperativ

	Sie	du	ihr
machen	Machen Sie ...	Mach ...	Macht ...
sprechen	Sprechen Sie ...	Sprich ...	Sprecht ...
mitkommen	Kommen Sie ... mit!	Komm ... mit!	Kommt ... mit!
(!) **fahren**	Fahren Sie ...	Fahr ...	Fahrt ...
sein	Seien Sie ...	Sei ...	Seid ...

Schreiben Sie, bitte!

1c Präteritum

Sein und *haben*

Infinitiv		sein	haben
Singular	**ich**	war	hatte
	du	warst	hattest
	er/es/sie/man	war	hatte
Plural	**wir**	waren	hatten
	ihr	wart	hattet
	sie/Sie	waren	hatten

Waren Sie schon einmal in Berlin?

Nein, leider noch nicht.

1d Perfekt

Haben/Sein + Partizip

	haben/sein		Partizip am Ende
Er	hat	in einer Großstadt	gelebt.
Ich	bin	1995 nach Deutschland	gekommen.
Wann	sind	Sie nach Deutschland	gefahren?
	Haben	Sie gestern auf dem Markt	eingekauft?

1e Verben und Ergänzungen

Verben mit Nominativ und Akkusativ

Nominativ	Verb	Akkusativ
Ich	habe	einen Sohn.

genauso: brauchen, sehen, nehmen, besichtigen, möchten, wollen ...

Verben mit Nominativ, Dativ und Akkusativ

Nominativ	Verb	Dativ	Akkusativ
Der Beamte	gibt	mir	das Formular.

genauso: bringen, schenken, holen, erklären ...

Verben mit Nominativ und Dativ

Nominativ	Verb	Dativ
Wir	helfen	euch.

genauso: helfen, gehören, ...

Ein Verb mit Nominativ und Nominativ

Nominativ	Verb	Nominativ
Das	ist	ein Mantel.

2 Artikel und Nomen

2a Die Artikel

	m (maskulin)		n (neutral)		f (feminin)		Pl. (Plural)	
bestimmter Artikel	der	Mann	das	Auto	die	Frau	die	Kinder
unbestimmter Artikel	ein		ein		eine		–	
Negativartikel	kein		kein		keine		keine	
Possessivartikel	mein		mein		meine		meine	

Da ist ein Mann.

Der Mann heißt Tim Fink.

2b Possessivartikel

Sind das Ihre Kinder?

Ja, das ist meine Tochter Nina und das ist mein Sohn Markus.

	m		n		f		Pl.	
ich	mein	Mann	mein	Haus	meine	Frau	meine	Kinder
du	dein		dein		deine		deine	
er/es	sein		sein		seine		seine	
sie	ihr		ihr		ihre		ihre	
Sie	Ihr		Ihr		Ihre		Ihre	

2c Nominativ, Akkusativ und Dativ

Nominativ

	m		n		f		Pl.	
bestimmter Artikel	der	Mann	das	Haus	die	Frau	die	Kinder
unbestimmter Artikel	ein		ein		eine		–	
Negativartikel	kein		kein		keine		keine	
Possessivartikel	mein		mein		meine		meine	

Akkusativ

	m		n		f		Pl.	
bestimmter Artikel	d**en**	Mann	das	Haus	die	Frau	die	Kinder
unbestimmter Artikel	ein**en**		ein		eine		–	
Negativartikel	kein**en**		kein		keine		keine	
Possessivartikel	mein**en**		mein		meine		meine	

Dativ

	m		n		f		Pl.	
bestimmter Artikel	d**em**	Mann	d**em**	Haus	d**er**	Frau	d**en**	Kinder**n**
unbestimmter Artikel	ein**em**		ein**em**		ein**er**		–	
Negativartikel	kein**em**		kein**em**		kein**er**		kein**en**	
Possessivartikel	mein**em**		mein**em**		mein**er**		mein**en**	

Das Nomen hat im Dativ Plural immer die Endung *-n*.
Wir spielen **mit den** Kinder**n**.
Ausnahme: Nomen mit s-Plural: die Autos – mit den Autos.

2d Das Fragewort welch-

	Nominativ	Akkusativ
m	welcher Pullover	welch**en** Pullover
n	welches Hemd	welches Hemd
f	welche Bluse	welche Bluse
Pl.	welche Schuhe	welche Schuhe

Welchen Pullover nehmen Sie?

Welcher Pullover gefällt Ihnen?

2e Singular und Plural

	Singular	Plural		Singular	Plural
-e	der Tisch	die Tisch**e**	–	der Computer	die Computer
-en	die Zahl	die Zahl**en**	-er	das Kind	die Kind**er**
-n	die Tasche	die Tasche**n**	-s	das Auto	die Auto**s**
-nen	die Lehrerin	die Lehrerin**nen**	mit Umlaut	der Stuhl	die St**ü**hl**e**
				das Haus	die H**ä**us**er**

3 Pronomen

3a Personalpronomen

Nominativ	Akkusativ	Dativ
ich	mich	mir
du	dich	dir
er	ihn	ihm
es	es	ihm
sie	sie	ihr
wir	uns	uns
ihr	euch	euch
sie	sie	ihnen
Sie	Sie	Ihnen

Ich rufe dich morgen an.

Können Sie mir bitte helfen?

Gehört das Auto euch?

Der Schrank ist alt. **Er** ist schön.
Die Küche ist klein. **Sie** ist praktisch.

Das Bett ist neu. **Es** ist modern.
Die Blumen sind schön. **Sie** sind rot.

3b Das unpersönliche Pronomen *man*

Wie schreibt **man** das?
Hier darf **man** nicht rauchen.

In Sätzen mit *man* steht das Verb in der 3. Person Singular.

3c Artikel als Pronomen

Wie finden Sie den blauen Anzug? — **Der** ist nicht schlecht. **Den** nehme ich.
Wie gefällt Ihnen die Bluse? — **Die** gefällt mir gut. **Die** nehme ich.
Wie finden Sie die Hose? — **Die** ist nicht schön. **Die** nehme ich nicht.
Wie gefallen Ihnen die Schuhe? — **Die** finde ich gut. **Die** kaufe ich.

4 Präpositionen

4a Temporale Präpositionen

um		um 8 Uhr, um halb 10, um 13 Uhr 30
		Der Film beginnt um 20 Uhr.
bis		Der Film geht bis 22 Uhr.
von ... bis		Der Film geht von 20 Uhr bis 22 Uhr.
an	+ Dativ	Am Montagnachmittag geht sie ins Kino.
nach	+ Dativ	Nach der Pause hat sie einen Termin.
vor	+ Dativ	Es ist Viertel vor acht.
ab	+ Dativ	Kinder ab 13 Jahren müssen auf der Straße fahren.

4b Lokale Präpositionen

Wo?	**bei**	Sie ist beim Friseur.
	in	Sie ist im Supermarkt.
Wohin?	**zu**	Sie geht zur Post.
	nach	Sie fährt nach Italien.
	in	Sie fliegt in die Schweiz.
Woher?	**von**	Sie kommt von der Arbeit.
	aus	Sie kommt aus Frankreich.

> **i**
> an + dem = am
>
> bei + dem → beim
> in + dem → im
>
> zu + der → zur
> zu + dem → zum
>
> von + dem → vom

4c Präpositionen mit Dativ

bei	Ich wohne bei meinen Verwandten. Sie arbeitet bei der Volksbank.
nach	Nach dem Deutschkurs möchte ich eine Arbeit suchen.
aus	Ich gehe jeden Morgen um acht Uhr aus dem Haus.
mit	Ich fahre mit meiner Freundin nach Hamburg.
zu	Ich gehe jeden Tag zur Sprachschule.
von	Um 13 Uhr komme ich von der Sprachschule nach Hause.

4d Präpositionen mit Akkusativ

für	Für den Antrag brauchen Sie einen Pass und ein Foto.
durch	Der Zug fährt durch das Höllental.
um	Man kann sehr gut um den Schluchsee wandern.
ohne	Die Frau trinkt Früchtetee ohne Zucker.

4e Wechselpräpositionen mit Dativ

in	In der Bäckerei sind viele Leute.
an	Der Bus steht an der Ampel.
auf	Auf dem Platz steht eine Bank.
unter	Der Mann sitzt unter dem Baum.
über	Die Praxis ist im ersten Stock über dem Café.
vor	Vor dem Supermarkt ist ein Parkplatz.
hinter	Hinter dem Supermarkt ist ein Fluss.
neben	Neben dem Kino ist die Post.
zwischen	Zwischen der Post und dem Café ist die Apotheke.

i
in dem = im
an dem = am

5 Adjektive

5a Adjektive nach dem Nomen (prädikativ)

Adjektive nach dem Nomen haben keine Endung.

Der Schrank ist neu.
Das Sofa ist bequem.

In finde den Schrank schön.
Ich finde das Sofa langweilig.

5b Adjektive vor dem Nomen (attributiv)

Zwischen Artikel und Nomen haben Adjektive eine Endung.

	Nominativ	Akkusativ
m	der grau**e** Anzug	den grau**en** Anzug
n	das blau**e** Hemd	das blau**e** Hemd
f	die rot**e** Bluse	die rot**e** Bluse
Pl.	die braun**en** Schuhe	die braun**en** Schuhe

Der graue Anzug ist teuer.

Ich nehme den blauen Anzug.

5c Adjektive im Komparativ

schön – schön**er**
hell – hell**er**
kurz – kürz**er**

(!) gern – **lieber**
gut – **besser**
viel – **mehr**

Naomi ist kleiner als Alex.

Katia ist genauso groß wie Klaus.

Alex ist größer als Naomi.

6 Wörter im Satz

6a Verneinung mit *nicht* und *kein*

ein → kein

Ich habe **einen** Tisch / **ein** Sofa / **eine** Waschmaschine / Stühle.
Ich habe **keinen** Tisch / **kein** Sofa / **keine** Waschmaschine / **keine** Stühle.
Ich habe **kein** Geld / **keine** Zeit / **keine** Lust.

nicht

Heute kommt er. Morgen kommt er **nicht**.
Sie isst gern Käse. Sie isst **nicht** gern Käse.
Ich arbeite viel. Ich arbeite **nicht** viel.

6b Aussagesätze und W-Fragen

	Position 2	
Woher	**kommen**	Sie?
Ich	**komme**	aus Costa Rica.
Wie	**heißt**	Ihr Sohn?
Er	**heißt**	Lukas.
Was	**sind**	Sie von Beruf?
Ich	**bin**	Lehrerin.

Am Wochenende	**besuche**	ich meine Freunde.
Ich	**besuche**	am Wochenende meine Freunde.
Dann	**machen**	wir eine Radtour.

6c Ja/Nein-Fragen (Satzfragen)

Kommen	Sie aus München?
Haben	Sie morgen Zeit?
Möchtest	du einen Kaffee?
Kennt	ihr Berlin?

6d Satzklammer (trennbare Verben, Modalverben, Perfekt)

Wann	**holst**	du morgen die Kinder	**ab?**
Ich	**hole**	sie am Nachmittag	**ab.**
Frau Steiner	**muss**	morgen früh	**aufstehen.**
Frau Kuhn	**will**	am Wochenende nicht	**arbeiten.**
Früher	**habe**	ich in der Stadt	**gewohnt.**

6e Konjunktionen

Ich gehe in den Supermarkt	**und** (ich) kaufe Käse.
Ich spreche Spanisch,	**aber** Fatima spricht Türkisch.
Am Sonntag habe ich frei,	**denn** ich muss nicht arbeiten.
Im Urlaub fahren wir nach Spanien,	**oder** wir fliegen nach Costa Rica.

7 Datum

1–19 + *ten*

am 1. – am **ersten**
am 2. – am zwei**ten**
am 3. – am **dritten**
am 4. – am vier**ten**
am 5. – am fünf**ten**
am 6. – am sechs**ten**
am 7. – am sieb**ten**
am 8. – am ach**ten**
am 9. – am neun**ten**
am 10. – am zehn**ten**

ab 20 + *sten*

am 20. – am zwanzig**sten**
am 21. – am einundzwanzig**sten**
am 22. – am zweiundzwanzig**sten**
am 23. – am dreiundzwanzig**sten**
am 24. – am vierundzwanzig**sten**
am 25. – am fünfundzwanzig**sten**
am 26. – am sechsundzwanzig**sten**
am 27. – am siebenundzwanzig**sten**
am 28. – am achtundzwanzig**sten**
am 29. – am neunundzwanzig**sten**
am 30. – am dreißig**sten**
am 31. – am einunddreißig**sten**

Wann haben Sie geheiratet?

Am 9.9.1999.

Unregelmäßige Verben

Die Liste enthält alle unregelmäßigen Verben aus **Pluspunkt Deutsch A1**.

Infinitiv	**Präsens 3. Person Sg. er/es/sie/man**	**Perfekt 3. Person Sg. er/es/sie/man**
abbiegen	biegt ab	ist abgebogen
abfahren	fährt ab	ist abgefahren
abgeben	gibt ab	hat abgegeben
anfangen	fängt an	hat angefangen
anhalten	hält an	hat angehalten
ankommen	kommt an	ist angekommen
annehmen	nimmt an	hat angenommen
anrufen	ruft an	hat angerufen
anziehen	zieht an	hat angezogen
aufstehen	steht auf	ist aufgestanden
ausfallen	fällt aus	ist ausgefallen
ausgehen	geht aus	ist ausgegangen
aussehen	sieht aus	hat ausgesehen
beginnen	beginnt	hat begonnen
bekommen	bekommt	hat bekommen
beraten	berät	hat beraten
bleiben	bleibt	ist geblieben
bringen	bringt	hat gebracht
dürfen	darf	hat gedurft
einladen	lädt ein	hat eingeladen
eintragen	trägt ein	hat eingetragen
empfehlen	empfiehlt	hat empfohlen
essen	isst	hat gegessen
fahren	fährt	ist gefahren
fernsehen	sieht fern	hat ferngesehen
finden	findet	hat gefunden
fliegen	fliegt	ist geflogen
geben	gibt	hat gegeben
gefallen	gefällt	hat gefallen
gehen	geht	ist gegangen
haben	hat	hat gehabt
halten	hält	hat gehalten
heben	hebt	hat gehoben
heißen	heißt	hat geheißen
helfen	hilft	hat geholfen
herunterladen	lädt herunter	hat heruntergeladen
kennen	kennt	hat gekannt
kommt	kommt	ist gekommen
können	kann	hat gekonnt

laufen	läuft	ist gelaufen
lesen	liest	hat gelesen
liegen	liegt	hat gelegen
losgehen	geht los	ist losgegangen
messen	misst	hat gemessen
mitbringen	bringt mit	hat mitgebracht
mitfahren	fährt mit	ist mitgefahren
mitkommen	kommt mit	ist mitgekommen
mitnehmen	nimmt mit	hat mitgenommen
mögen	mag	hat gemocht
müssen	muss	hat gemusst
nachsehen	sieht nach	hat nachgesehen
nehmen	nimmt	hat genommen
nennen	nennt	hat genannt
passieren	passiert	ist passiert
reinkommen	kommt rein	ist reingekommen
riechen	riecht	hat gerochen
scheinen	scheint	hat geschienen
schlafen	schläft	hat geschlafen
schließen	schließt	hat geschlossen
schreiben	schreibt	hat geschrieben
schwimmen	schwimmt	ist geschwommen
sehen	sieht	hat gesehen
sein	ist	ist gewesen
sitzen	sitzt	hat gesessen
sprechen	spricht	hat gesprochen
stattfinden	findet statt	hat stattgefunden
stehen	steht	hat gestanden
streiten	streitet	hat gestritten
tragen	trägt	hat getragen
treffen	trifft	hat getroffen
trinken	trinkt	hat getrunken
überweisen	überweist	hat überwiesen
umsteigen	steigt um	ist umgestiegen
umziehen	zieht um	ist umgezogen
unterschreiben	unterschreibt	hat unterschrieben
vergessen	vergisst	hat vergessen
verstehen	versteht	hat verstanden
vorbeikommen	kommt vorbei	ist vorbeigekommen
vorlesen	liest vor	hat vorgelesen
wegfahren	fährt weg	ist weggefahren
wehtun	tut weh	hat wehgetan
weiterfahren	fährt weiter	ist weitergefahren
wiederkommen	kommt wieder	ist wiedergekommen
zurückfahren	fährt zurück	ist zurückgefahren
zurückkommen	kommt zurück	ist zurückgekommen

Hörtexte

Hier finden Sie alle Hörtexte, die nicht oder nicht vollständig im Buch abgedruckt sind.

LEKTION 1 Willkommen!

A 4

1. Hallo, Katja. **2.** Tschüss, Tim.
3. Guten Tag, Frau Meier. Wie geht es Ihnen?
4. Hallo. Wie heißt du?
5. Auf Wiedersehen, Herr Schmidt.
6. Guten Tag. Wie heißen Sie?

C 2

2. G **3.** Z **4.** J **5.** D **6.** V **7.** R **8.** Q
9. H **10.** W **11.** E **12.** S

C 3

2. ◖ Wie heißen Sie?
◖ Katja Schmidt.
◖ Wie bitte? Wie schreibt man das?
◖ Moment, ich buchstabiere: K A T J A S C H M I D T.

3. ◖ Wie heißen Sie?
◖ Markus Langer.
◖ Wie bitte? Wie schreibt man das?
◖ Moment, ich buchstabiere: M A R K U S L A N G E R.

4. ◖ Wie heißen Sie?
◖ Susanne Müller.
◖ Wie bitte? Wie schreibt man das?
◖ Moment, ich buchstabiere: S U S A N N E M Ü L L E R.

D 3

2. HB DX 414 **3.** F LA 832 **4.** B RU 496
5. ZH 871 6432 **6.** W MA 9

Alles Klar 3

2. B E R L I N **3.** M Ü N C H E N
4. K Ö L N **5.** W I E N **6.** Z Ü R I C H

Alles Klar 8

Wie heißen Sie? – Woher kommen Sie? – Wie geht es Ihnen? – Was sind Sie von Beruf? Wie bitte? – Wie schreibt man das?

LEKTION 2 Alte Heimat, neue Heimat

B 1b

Das ist die Tafel. Hier ist das Heft und das ist der Kugelschreiber. Das ist die Tasche. Und hier ist die Lampe. Das ist der Tisch und hier ist der Stuhl.

C 3

1. Ich bin Thomas, meine Telefonnummer ist 238 91 72.
2. Ich heiße Birte, meine Handynummer ist 0175 867 54 55, Matteo hat die Nummer 089 53 22 67.
3. ◖ Hast du die Nummer von Herrn Mai?
◖ Ja, er hat die Nummer 833 45.
4. ◖ Tamara hat jetzt Telefon!
◖ Und wie ist die Nummer?
◖ Die Nummer ist 0711 22 63 55 08.
5. ◖ Wie ist die Nummer von Sandra?
◖ Sandra hat kein Telefon.

C 4a

Und im Ziel begrüßen wir die Nummern: 696, 245, 372, 483, 824, 717, 538, 111.

Alles Klar 2a

◖ Wie heißen Sie?
◖ Mein Name ist Linda Mankell.
◖ Woher kommen Sie?

- Ich komme aus Schweden.
- Sie sind also Schwedin. Und Ihre Muttersprache ist Schwedisch?
- Ja.
- Wo wohnen Sie?
- Ich wohne in der Kantstraße 37 in Berlin. Die Postleitzahl ist 10627.
- Und Ihr Beruf?
- Ich bin Ärztin.
- Wie alt sind Sie?
- Ich bin 27 Jahre alt.
- Frau Mankell, vielen Dank für die Informationen.

Alles Klar 8

Wie ist Ihre Adresse? – Wie ist Ihre Telefonnummer? – Welche Sprachen sprechen Sie? – Was ist Ihre Muttersprache? – Was ist Ihre Nationalität? – Was ist das? – Wie buchstabiert man das? – Wie heißt der Plural?

LEKTION 3 Meine Wohnung

B 1

- Wir brauchen noch ein Regal für das Wohnzimmer.
- Das ist kein Problem. Bei Möbel Hanser sind Möbel sehr billig. Dort kaufen wir auch neue Stühle. Brauchen wir einen Teppich?
- Nein, aber wir haben noch keine Spülmaschine.
- Elektro Müller hat viele Sonderangebote. Die Spülmaschine kaufen wir da.

Alles Klar 8

Sind Sie neu hier? – Sprechen Sie Deutsch? – Ist Ihre Wohnung ruhig? – Ist Ihre Wohnung groß? – Wohnen Sie im Erdgeschoss? – Haben Sie einen Garten? – Finden Sie die Wohnung schön?

LEKTION 4 Meine Familie

Auftaktseite 2

Hallo, ich bin Nina Hoffmann. Das ist meine Familie. Oben auf dem Foto rechts sind meine Eltern. Mein Vater heißt Rolf und meine Mutter heißt Heike. Ich habe zwei Geschwister. Mein Bruder heißt Markus und meine Schwester heißt Tanja. Oben links sind meine Großeltern. Mein Großvater heißt Heinz und meine Großmutter heißt Hilde. Meine Familie ist groß. Ich habe auch ...

B 1

- Hallo, Roberto, kommst du bald nach Berlin?
- Ja, ich habe jetzt Zeit und komme gern nach Berlin.
- Das ist schön. Wann kommst du?
- Ich komme am Wochenende und bleibe zwei Tage. Was machen wir?
- Oh, da habe ich viele Ideen. In Berlin gibt es viele Sehenswürdigkeiten.

B 2b

Also, zuerst kaufen wir Lebensmittel im Supermarkt. Dann machen wir eine Radtour. Danach kochen wir Mittagessen und besichtigen Berlin. Es gibt sehr viele Sehenswürdigkeiten. Dann besuchen wir ein Straßenfest in Kreuzberg.

B 3b

- Also, Marek, kommst du dann am Wochenende?
- Ja, natürlich. Was machen wir?
- Ich habe einige Ideen. Zuerst machen wir einen Stadtbummel. Die Innenstadt ist sehr schön, besonders die Alster. Dann machen wir eine Hafenrundfahrt, denn auch der Hafen ist interessant und sehr groß. Danach

besuchen wir die Speicherstadt. Was willst du noch machen?
- Ich möchte gern ...

D 1a
- In unserer Reihe „Senioren in Bremen" sprechen wir heute mit Hermine Müller. Frau Müller, erzählen Sie doch von Ihrem Leben früher und von Ihrer Familie.
- Ach, früher war alles anders. Die Familien in Deutschland waren groß, eine Familie hatte oft acht oder zehn Kinder.
- Wie viele Kinder waren Sie?
- Wir waren neun Kinder. Ich hatte drei Schwestern und fünf Brüder.
- Was war Ihr Vater von Beruf?
- Mein Vater war Arzt von Beruf. Mein Elternhaus war sehr groß und mein Vater hatte auch seine Praxis im Haus. Meine Eltern hatten viel Zeit für uns Kinder, ich hatte keine langweilige Kindheit.

Alles Klar 3
Hier guck mal, das sind Fotos von meiner Familie. Hier bin ich und links steht meine Schwester Maria. Das sind meine Brüder. Links ist Sascha und rechts ist Lukas. Und das sind meine Eltern. Mein Vater heißt Stefan und meine Mutter heißt Andrea. Mein Vater hat einen Bruder – hier, das ist mein Onkel Klaus. Und das ist seine Frau, meine Tante Judith.

Alles Klar 9
Der Sonntag von Familie Schmidt. Der Sonntag ist ruhig und gemütlich. Alle schlafen lange. Die Eltern kochen das Mittagessen. Die Kinder spielen. Dann essen sie Schokolade. Frau Schmidt liest ein Buch. Herr Schmidt schläft. Danach besuchen sie Freunde. Sie machen einen Stadtbummel. Die Kinder sehen einen Film.

Station 1

3a
- Hallo, Samuel, hier ist Igor.
- Hallo, Igor, wo warst du heute?
- Ich bin krank. Haben wir Hausaufgaben?
- Ja, im Arbeitsbuch die Übungen eins und zwei auf Seite 25.
- Vielen Dank. Morgen komme ich wieder.
- Dann bis morgen.

LEKTION 5 Mein Tag, meine Woche

A 5a

1. - Sie haben zwei neue Nachrichten. Nachricht 1: Freitag, 20. Januar, 18 Uhr 32.
   - Hallo, Susanne, hier ist Petra. Du, ich wollte dir unbedingt noch berichten ...
2. Vorsicht an Gleis 3! Der ICE nach Frankfurt, planmäßige Ankunft 13.47 Uhr fährt jetzt ein.
3. Es ist wieder Krimizeit! Um 20.15 Uhr, gleich nach den Nachrichten, sehen Sie heute den spannenden Tatort. Die Kommissare Beck und ...
4. Es ist 20.00 Uhr. Guten Abend, meine Damen und Herren! Sie sehen die Tagesschau.
5. Es ist 10.58 Uhr und hier ist Radio Brandenburg mit einem Verkehrshinweis für die Autofahrer ...

C 2
- Michael, was machst du diese Woche?
- Montag und Dienstag arbeite ich nicht. Am Montag habe ich um 10.00 Uhr einen Arzttermin. Am Nachmittag gehe ich ins Fitnessstudio. Am Dienstag kaufe ich eine Fahrkarte nach Frankfurt. Da habe ich Freunde und die besuche ich am Wochenende. Danach repariere ich mein Fahrrad. Das

ist schon lange kaputt. Mittwoch, Donnerstag und Freitag arbeite ich. Am Freitagabend packe ich auch den Koffer für das Wochenende. Danach höre ich vielleicht Musik. Das mache ich gern.

D 1

- Mahmut Usta, ja bitte?
- Hallo, Mahmut, hier ist Andreas. Spielen wir zusammen Fußball? Vielleicht am Dienstagnachmittag?
- Ja, gern, aber nicht am Dienstag, ich habe am Nachmittag Schule. Hast du am Mittwoch Zeit?
- Ja, das geht. Um drei Uhr habe ich Zeit.
- Geht es auch später? Am Mittwoch habe ich immer viele Hausaufgaben.
- Gut, dann um fünf. Bringst du einen Ball mit?
- Klar, das mache ich. Dann bis Mittwoch.
- Bis Mittwoch. Tschüss.

Alles Klar 1

1. - Wann kommst du?
   - Ich bin um halb sieben da.
2. Mach schnell! Es ist schon fünf nach acht! Der Bus fährt in zehn Minuten.
3. Wir melden uns wieder mit dem Heute-Journal um 21.45 Uhr.
4. - Eine neue Nachricht. Nachricht 1. Dienstag, 24. März, 09.16 Uhr.
   - Hallo Hasmik hier ist ...

Alles Klar 8

Wie spät ist es? – Wie viel Uhr ist es? – Um wie viel Uhr beginnt der Kurs? – Bis wann geht der Kurs? – Wann ist die Pause? – Hast du heute Zeit? – Gehen wir ins Kino? – Kommst du mit?

LEKTION 6 Guten Appetit!

A 1

- Gehst du einkaufen?
- Ja, das mache ich. Was brauchen wir?
- Also, wir brauchen keine Milch ... aber ... Ach ja! Kauf bitte Butter und vergiss nicht die Eier.
- Haben wir noch Brot?
- Nein, aber hol das Brot bitte nicht im Supermarkt. Geh doch in die Bäckerei. Da ist das Brot sehr gut. Und kauf bitte auch Schokolade.
- Papa, gehst du einkaufen? Dann komme ich mit!
- Gut, dann hilfst du Papa. Holt auch Obst, Orangen und Äpfel.
- Und ich möchte Kaugummi.
- Also gut. Und wir brauchen Mais. Kauft auch zwei Dosen Mais.
- Haben wir alles? Dann gehen wir. Komm, Laura.
- Halt, wartet!
- Ja?!
- Hier ist der Einkaufszettel. Vergesst nicht den Einkaufszettel!

A 5a

1. Jetzt im Angebot: Bananen aus Südamerika. Das Kilo für nur 1,10 Euro. Probieren Sie die Bananen aus Südamerika!
2. Nur heute: Joghurt von Müller. Nehmen Sie drei Becher und bezahlen Sie zwei!

B 1b

1. - Was darf es sein?
   - Ich hätte gern 200 g Hackfleisch.
   - Darf es etwas mehr sein?
   - Ja, kein Problem. Wie viel kostet das?
   - Drei Euro.
2. - Sie wünschen?
   - Bitte geben sie mir sechs Brötchen.

- Sonst noch etwas?
- Ja, ich möchte noch ein Brot.
- Bauernbrot ist heute im Angebot. Das Kilo kostet nur zwei Euro.
- Gut, dann nehme ich ein Bauernbrot. Was macht das?
- Das macht zusammen 4,40 Euro.

3. Ja, bitte?
   - Was kostet ein Kilo Tomaten?
   - Das Kilo kostet 1,80 Euro.
   - Dann geben Sie mir bitte zwei Kilo.
   - Haben Sie noch einen Wunsch?
   - Danke, das ist alles. Was macht das?
   - 3,60 Euro. Danke. Und 40 Cent zurück.

B 2

1. Wie viel kosten die Tomaten?
   - Das Kilo kostet heute 1,60 Euro.
2. Moment, der Wein ist doch im Angebot und kostet nur 3,29 Euro.
   - Ja, das stimmt. Er kostet nicht 3,69 Euro. Ich korrigiere das.
3. Schau mal, in dem Prospekt sind gute Angebote. Ein Stück Butter kostet nur 95 Cent und eine Packung Müsli nur 2,39 Euro.
   - Ja, ich weiß. Aber da kaufe ich nur selten ein. Andere Sachen sind manchmal teuer. Ein Liter Milch kostet 84 Cent. Das ist zu teuer.

Alles Klar 1a

- Guten Tag, was darf es sein?
- Ich hätte gern ein Kilo Kartoffeln.
- Aber gern. Sonst noch etwas?
- Wie viel kostet der Salat?
- Nur 1,20 Euro.
- Dann nehme ich noch einen Salat und zwei Orangen. Das ist dann alles.
- Das macht zusammen 3,15 Euro.
- Hier sind 3 Euro und 15 Cent, bitte.

Alles Klar 4

1. Die Bananen kosten heute nur 1,50 Euro!
2. Das macht 6,33 Euro, bitte.
3. Zusammen sind das ... Moment ... 22,40 Euro, bitte.
4. Beachten Sie unser Angebot. 200 g Hackfleisch nur 2,20 Euro.
5. Was kostet das Brot da links?
   - 2,99 Euro.
6. 84,44 Euro, bitte.
   - Oh, das ist aber viel. Stimmt das auch?
   - Ja, 84 Euro und 44 Cent.
7. Was macht das?
   - 3,60 Euro.
8. Ein Kasten Mineralwasser für nur 3,25 Euro.

Alles Klar 9

Ich hätte gern sechs Brötchen. – Bitte geben Sie mir ein Brot. – Ich hätte gern 200 Gramm Käse. – Ich möchte ein Kilo Tomaten. – Was kosten die Äpfel? – Dann nehme ich zwei Kilo. – Wie viel kostet das? – Was macht das zusammen? – Danke, auf Wiedersehen.

LEKTION 7 Meine Arbeit

Auftaktseite 1c

1. Guten Tag, ich möchte gern 200 Dollar in Euro wechseln.
   - Dann bekommen Sie 133 Euro.
2. Sprachschule Kramer, Stephanie Kuhn am Apparat. Was kann ich für Sie tun?
3. Sie wünschen?
   - Wir hätten gern eine Cola und zwei Bier.
4. Wir kommen jetzt zu Lektion vier. Bitte schlagen Sie Seite 44 im Kursbuch auf.

B 4

1. ◖ Wohin gehst du, Beate?
   ◖ Zum Arzt. Ich habe um vier Uhr einen Termin. Danach besuche ich meine Freundin Linda.
   ◖ Wann kommst du zurück?
   ◖ Ich gehe später noch einkaufen. Ich denke, ich bin um acht Uhr wieder zu Hause.
2. ◖ Hallo, Tom. Kommst du jetzt von der Arbeit?
   ◖ Hallo, Michael. Nein, heute hatte ich frei. Ich hatte einen Spanischkurs und komme jetzt von der Volkshochschule. Und wohin gehst du?
   ◖ Ich muss jetzt leider arbeiten. Um halb fünf fange ich an.

C 2

◖ Basketballverein Spandau, Ulrike Rekowski am Apparat. Was kann ich für Sie tun?
◖ Guten Tag, hier spricht Thomas Kuhn. Ich will den Mitgliedsbeitrag für 2009 bezahlen. Aber ich kann Ihre Bankverbindung nicht finden ...
◖ Einen Moment bitte ... Die Kontonummer ist 2570318 bei der Berliner Sparkasse.
◖ Wie ist die Bankleitzahl?
◖ Die Bankleitzahl lautet 100 500 00.
◖ Also, ich wiederhole noch einmal: Die Kontonummer ist 2570318 bei der Berliner Sparkasse, Bankleitzahl 100 500 00. Ist das richtig?
◖ Ja, das stimmt.
◖ Dann vielen Dank und auf Wiederhören.

Alles Klar 1a

◖ Elena Brodsky.
◖ Hallo, Elena. Hier ist Lydia. Hast du am Dienstagabend Zeit? Der Film Titanic ist jetzt wieder einmal im Kino.
◖ Ja, den Film will ich gern sehen. Aber am Dienstagabend habe ich keine Zeit. Ich will meinen Bruder besuchen. Kannst du am Mittwoch?
◖ Moment mal ... Nein, das ist schlecht. Ich muss von 8.00 bis 18.00 Uhr arbeiten und dann bin ich zu müde.
◖ Ja, dann ... Geht es am Donnerstag?
◖ Ja, da kann ich.
◖ Ach, Moment, Lydia! Am Donnerstag muss ich am Abend arbeiten. Um acht Uhr fange ich an. Aber am Nachmittag habe ich Zeit.
◖ Sehr gut, am Donnerstag arbeite ich am Vormittag. Am Nachmittag habe ich Zeit und dann ist das Kino sicher nicht so voll. Ich glaube, der Film fängt um drei an.
◖ Sehr gut! Wir treffen uns dann um Viertel vor drei beim Kino. Okay?
◖ Alles klar, bis dann.

Alles Klar 8

Frau Usta geht um halb zehn aus dem Haus. Sie geht heute zuerst zum Friseur. Sie bleibt von zehn bis elf Uhr beim Friseur. Um elf geht sie vom Friseur zur Arbeit. Sie arbeitet seit drei Wochen im Supermarkt. Nach der Arbeit geht sie nach Hause. Sie macht mit ihrer Familie Abendessen.

LEKTION 8 Gute Besserung!

A 1b

1. ◖ Praxis Dr. Wickel, Müller am Apparat, guten Tag.
   ◖ Guten Tag, ich möchte einen Termin für nächste Woche.
   ◖ Ja, können Sie am Dienstag kommen? So um 15 Uhr?
   ◖ 15 Uhr? Ja, das geht.

- Dann sagen Sie mir bitte noch einmal Ihren Namen.
- Bas, B A S.
- Gut, Frau Bas, am Dienstag um 15 Uhr. Auf Wiederhören
- Danke, auf Wiederhören.

2.
- Praxis Dr. Wickel, Müller am Apparat, guten Tag.
- Guten Tag, mein Name ist Hristov. Ich hätte gern einen Termin.
- Ja, ich habe einen Termin am nächsten Montag um neun Uhr.
- Nein, ich brauche schnell einen Termin. Ich bin krank.
- Ach so, ja dann kommen Sie doch am Mittwochnachmittag um 16 Uhr. Aber Sie müssen ein bisschen Zeit mitbringen. Sagen Sie mir bitte noch einmal Ihren Namen.
- Hristov, H R I S T O V.
- Gut, Herr Hristov, am Mittwoch um 16 Uhr.
- Danke, auf Wiederhören.
- Auf Wiederhören.

C 1

- Burcu, was ist los? Du musst aufstehen. Es ist sieben Uhr.
- Mein Kopf tut weh.
- Mmmh, dein Kopf ist ganz heiß. Wir müssen Fieber messen. Du bleibst heute zu Hause. Ich mache jetzt erst mal einen Tee und später gehen wir zum Arzt. Möchtest du sonst noch etwas, mein Schatz?
- Ja, meinen MP3-Player.
- Was hat Burcu?
- Sie ist krank, Mahmut. Vielleicht ist es Scharlach. Ich schreibe eine Entschuldigung und du nimmst sie mit und gibst sie dem Klassenlehrer.
- Okay, ich gebe sie Herrn Nolte. Gute Besserung, Schwesterchen.
- Ich hole das Fieberthermometer und dann kannst du Musik hören.
- Au ja ...

Alles klar 7

- Ich bin krank. Ich habe Husten und Schnupfen. Ich habe Halsschmerzen. Ich habe Fieber. Mein Kopf tut weh. Mir geht es schlecht. Ich soll zu Hause bleiben. Ich soll viel Tee trinken. Ich soll Tabletten nehmen.
- Du Arme, gute Besserung!

LEKTION 9 Meine Wege durch die Stadt

A 2

1. Mein Name ist Sander, ich bin Sekretärin und arbeite bei Jenaoptik in Jena. Aber ich wohne in Naumburg. Ich brauche ungefähr 50 Minuten zur Arbeit. Ich fahre erst mit dem Fahrrad zum Bahnhof und dann mit dem Zug. Im Zug lese ich gern, manchmal schlafe ich auch noch ein bisschen.
2. Mein Name ist Hoppe, Thomas Hoppe. Ich wohne in Stuttgart. Ich arbeite bei Mercedes Benz.
   Ich laufe erst zur Straßenbahn und fahre zehn Minuten. Dann muss ich umsteigen und noch 15 Minuten mit der S-Bahn fahren. Ich brauche eine halbe Stunde zur Arbeit.

B 4a

- Besucht mich doch mal, habt ihr am Samstag Zeit?
- Ja, Samstag geht.
- Wunderbar, dann kommt doch am Samstagnachmittag so gegen drei. Wir können

zusammen Kaffee trinken und vielleicht ein bisschen im Park spazieren gehen.

B 4c

1. Hallo. Ich habe am Samstag Geburtstag und mache eine Party, kommst du?
   Klar, gern, wo wohnst du denn?
   In der Nähe vom Bahnhof. Du musst hier von der Sprachschule die Straße nach links gehen, immer geradeaus, dann an der dritten Kreuzung links und wir wohnen direkt am Park. Das ist sehr schön. Unser Haus ist das zweite Haus auf der rechten Seite.
2. Oh, diese Wörter, ich muss unbedingt Wörter lernen.
   Sollen wir zusammen lernen? Das macht Spaß. Komm doch heute Nachmittag zu mir, ich mache uns einen Tee.
   Gute Idee, ich bringe Kuchen mit. Wo wohnst du denn?
   Wir wohnen ganz in der Nähe, es ist nicht weit, vielleicht fünf Minuten. Du musst hier von der Sprachschule in die Straße nach rechts gehen, dann sofort wieder links, dann wieder die nächste Straße links. Dann siehst du die Polizei. Wir wohnen neben der Polizei.
   Das finde ich bestimmt. Tschüss, bis heute Nachmittag.
   Tschüss.

C 3

Mama, heute hatten wir Verkehrsunterricht in der Schule.
Aha, und erzähl mal, was musst du im Verkehr machen?
Ich darf nicht zwischen Autos auf die Straße laufen, das ist gefährlich.
Ja, genau.
Und ich darf mit dem Fahrrad auf der Straße und auf dem Bürgersteig fahren. Und Tim muss auf dem Bürgersteig fahren.
Ja, das ist richtig. Und weißt du auch warum?
Ja, ich bin schon elf und mit elf darf ich auf dem Bürgersteig und auf der Straße fahren und Tim ist erst zehn, und bis zehn Jahre müssen Kinder auf dem Bürgersteig fahren. Er darf noch nicht auf der Straße fahren. Er ist zu klein.
Ich bin gar nicht klein.
Ja, das stimmt, mit elf Jahren darfst du auf der Straße fahren. Ab 13 Jahren musst du aber auf der Straße fahren wie die Erwachsenen, aber fahr du jetzt lieber auf dem Bürgersteig, das ist nicht so gefährlich.

Alles klar 7

Wie kommt Herr Lutter zur Arbeit? Herr Lutter geht erst zu Fuß. Er bringt seinen Sohn zum Kindergarten. Dann fährt er mit der U-Bahn zum Bahnhof. Er fährt eine halbe Stunde mit dem Zug. Dann fährt er mit dem Bus drei Stationen. Um neun Uhr ist er da. Er braucht eineinhalb Stunden zur Arbeit.

LEKTION 10 Mein Leben

B 2

Hier ist der Anschluss von Familie Schmidt. Wir sind im Moment leider nicht da. Bitte hinterlassen Sie eine Nachricht nach dem Piepton.
Hallo, Markus, hier ist Simone. Es ist etwas Dummes passiert. Ich kann meinen Autoschlüssel nicht finden. Was sollen wir machen? Ruf mich unbedingt schnell zurück.

C1

- Willkommen in unserer Sendung „Leute in Deutschland“ heute zum Thema „Leben in zwei Ländern“. Ich begrüße ganz herzlich Herrn Soto.
- Guten Tag.
- Herr Soto, jetzt sind Sie hier in Deutschland, aber früher waren Sie in Costa Rica. Erzählen Sie von Ihrem Leben. Haben Sie in Costa Rica in einer Stadt oder auf dem Land gelebt?
- Vor 15 Jahren habe ich auf dem Land gelebt. Das war sehr schön, aber wir waren sehr arm. Dann habe ich sechs Jahre in einer Stadt gelebt, in San Miguel. Das war interessant, ich mag San Miguel. Da habe ich sechs Jahre als Verkäufer gearbeitet.
- Und dann sind Sie nach Deutschland gekommen. Erst nach Frankfurt und jetzt wohnen Sie in Assenheim. Wie war es am Anfang?
- Am Anfang in Frankfurt war es sehr schwer. Ich war allein und ich hatte keine Arbeit. Aber jetzt ist es besser.
- Haben Sie in Costa Rica schon Deutsch gelernt?
- Nur sehr wenig. Am Anfang habe ich in Deutschland nichts verstanden. Dann habe ich Deutsch gelernt, das war vor acht Jahren. Ich habe in der Volkshochschule in Frankfurt einen Kurs gemacht. Dann war es besser und ich habe eine Arbeit gefunden. Ich habe fünf Jahre als Taxifahrer gearbeitet.
- Und jetzt, wie geht es Ihnen jetzt?
- Jetzt geht es mir gut, meine Frau und meine Kinder sind auch hier. Wir wohnen in einer Kleinstadt in der Nähe von Frankfurt. Meine Frau arbeitet als Reinigungskraft in einem Supermarkt und ich habe mein eigenes Taxiunternehmen. Und seit zwei Jahren wohnen wir in unserem eigenen Haus. Es geht uns wirklich gut.
- Und fahren Sie häufig in Ihre Heimat?
- Ja, das ist ganz wichtig für mich. Im Urlaub im Sommer fahren wir dann mit den Kindern zu unseren Verwandten nach Costa Rica ...

Alles Klar 2

Guten Tag, hier ist der Anrufbeantworter von Familie Schmidt. Wir sind im Moment leider nicht da. Bitte hinterlassen Sie eine Nachricht nach dem Piepton.

Alles Klar 8

Simone ist mit den Kindern nach Wien gefahren. Ihr Mann ist nicht mitgekommen. Er hatte viel Arbeit und hatte keine Zeit. Simone und die Kinder haben in Wien viel gemacht. Sie sind mit dem Schiff gefahren. Sie sind spazieren gegangen. Und sie haben den Prater gesehen. Dann hatten sie ein Problem: Der Autoschlüssel war weg. Simone hat ihren Mann angerufen. Markus ist sofort nach Wien gekommen. Sie haben zusammen einen Ausflug gemacht. Dann sind alle zusammen wieder nach Hause gefahren.

LEKTION 11 Ämter und Behörden

1b

1.
   - Guten Tag, ich möchte meinen Kindergeldantrag abgeben.
   - Da müssen Sie zur Familienkasse gehen. Die ist in der Lörracher Straße 16.
2.
   - Standesamt Bremen-Mitte.
   - Guten Tag, mein Name ist Jürgen Herberger. Meine Freundin und ich wollen bald heiraten und haben einige Fragen.

3. ◖ Service-Center der Bundesagentur für Arbeit, guten Tag.
◖ Guten Tag, ich heiße Akad Celik und hätte gern einen Termin mit einem Arbeitsvermittler.

4. ◖ Wann kommst du morgen nach Hause?
◖ Ich komme erst um halb sechs. Nach der Arbeit will ich noch das Auto anmelden.

A 4

Mein Name ist Stefan Ruland und ich bin am 14. 7. 1972 geboren. Meine Frau heißt Katrin und ist am 2. 5. 1974 geboren. Unsere Tochter Sandra ist jetzt neun. Sie wurde am 4. 9. 1999 geboren und unser Sohn Robert am 26. 3. 2004. Der Kleine heißt Tobias und ist jetzt drei Jahre alt. Er wurde am 31. 1. 2006 geboren.

B 2a

◖ Guten Morgen, Ahmet. Wie geht's?
◖ Hallo, Ulrich. Naja, ich weiß nicht. Jetzt arbeiten wir schon seit einem Monat nur noch 28 Stunden in der Woche von Montag bis Donnerstag. Ich hoffe, die Firma hat bald wieder mehr Aufträge.
◖ Aber wir sind nicht arbeitslos und das ist wichtig.
◖ Und das Geld? Wir verdienen jetzt auch nicht mehr so viel. Wie soll ich die Miete bezahlen? Das Leben ist teuer!
◖ Du kannst doch Wohngeld beantragen. Ich habe das gemacht.

D 1b

1. ◖ Entschuldigung, ich habe eine Frage.
◖ Ja, Bitte?
◖ Ich fülle gerade ein Anmeldeformular für einen Computerkurs aus. Was bedeutet das Wort *Kursgebühr*?
◖ Das ist das Geld für den Kurs. Man bezahlt die Gebühr vor dem Kurs.
◖ Vielen Dank für Ihre Hilfe.

2. ◖ Entschuldigen Sie, bitte. Muss man hier lange warten?
◖ Haben Sie eine Wartenummer?
◖ Nein, bekommt man die am Informationsschalter?
◖ Nein, die Wartenummer ziehen Sie hier an dem Automaten. Wenn Ihre Nummer auf der Anzeigetafel erscheint, sind Sie an der Reihe.
◖ Auf der Anzeigetafel ist jetzt die Nummer 51 und ich habe die Nummer 93. Wie lange dauert das?
◖ Heute sind viele Leute da. Das dauert bestimmt eine Stunde.

Alles Klar 7

Entschuldigung, können Sie mir helfen? Ich verstehe das Wort *berufstätig* nicht. Können Sie mir das bitte erklären? – Entschuldigung, ich habe einen Termin bei Frau Barth. Wo finde ich ihr Büro? – Entschuldigen Sie bitte, ich habe eine Frage. Wo bekomme ich die Wartenummer? – Entschuldigung, können Sie mir helfen? Bekomme ich hier die Formulare für das Kindergeld?

LEKTION 12 Im Kaufhaus

A 3a

1. Ich bin Studentin und habe nicht viel Geld. Ich kaufe meine Sachen meistens in Secondhandläden. Das ist billig und die Kleidung ist oft originell. Manchmal kaufe ich natürlich auch im Internet.
2. Ich habe drei Kinder und die brauchen ständig etwas Neues. Bei uns gibt es immer einen Flohmarkt für Kindersachen. Da verkaufe ich und kaufe auch. Die Sachen sind gut und billig.

3. Ich gehe nicht gern einkaufen, außerdem habe ich wenig Zeit. Deshalb bestelle ich meine Kleidung aus dem Katalog oder im Internet.
4. Ich kaufe gern ein, aber Kleidung ist ganz schön teuer. Ich gehe immer in Boutiquen oder Kaufhäuser, da gibt es oft Sonderangebote im Sommerschlussverkauf oder im Winterschlussverkauf. Da kann man gute Sachen billig bekommen.

B 4

1. ◖ Was kostet der Mantel? Kostet der auch 59 Euro wie der grüne hier?
   ◖ Nein, ich glaube nicht. Ist da kein Preisschild dran?
   ◖ Nein, ich sehe keinen Preis.
   ◖ Moment, ich schau einmal nach. Also der Mantel ist doch von Replay, oder?
   ◖ Ja.
   ◖ Der kostet 95,95€.
   ◖ 95,95€, danke.
2. ◖ Entschuldigung, haben Sie diese Babyhose auch in Größe 68?
   ◖ 68? Mmh, Moment, hier habe ich 86, 80 und 74. Nein tut mir leid, in Größe 68 haben wir die Hose nicht mehr. Nehmen Sie doch 74.

Alles klar 6

Entschuldigung, wo finde ich Handys? – Entschuldigung, wie lange haben Sie geöffnet? – Ach bitte, wo kann ich das bezahlen? Wo ist die Kasse? – Entschuldigung, ich suche die Toiletten. – Ich hätte gern diese Bluse in Weiß. – Gibt es die Jacke auch in Größe 40? – Entschuldigung, was kostet der Pullover? – Kann ich den Mantel anprobieren?

LEKTION 13 Auf Reisen

2

1. ◖ Es ist so heiß. Ich gehe schwimmen. Kommst du mit?
   ◖ Nein, ich habe keine Lust. Ich bleibe hier und lese ein bisschen.
2. ◖ Und, was kaufen wir jetzt?
   ◖ Ich brauche noch ein paar Schuhe. Bei Schuh-Müller habe ich ein paar ganz tolle Schuhe gesehen.
3. ◖ Kevin! Es ist jetzt sechs Uhr. Wir müssen nach Hause gehen.
   ◖ Nein! Nur noch fünf Minuten, Mama.
4. ◖ Puh, jetzt sind wir schon vier Stunden unterwegs. Ich kann nicht mehr.
   ◖ Es ist nicht mehr weit. Bald sind wir oben und haben einen schönen Blick auf die Umgebung.

A 3

1. Und hier noch die Wettervorhersage für morgen, Dienstag, den 28. Oktober. Im Norden ist es bewölkt mit Regen, im Süden scheint manchmal die Sonne. Höchsttemperaturen im Norden bis sieben Grad, im Süden bis zehn Grad. Nachttemperaturen in ganz Deutschland bis ein Grad.
2. Morgen scheint den ganzen Tag die Sonne. Am Abend im Westen etwas Regen. Die Temperaturen liegen am Tag zwischen 30 Grad im Norden und 34 Grad im Süden. Nachts zwischen 18 und 20 Grad.

B 1

1. Ich heiße Romana und komme aus Spanien.
2. Ich wohne in der Kaiserstraße 138. Meine Telefonnummer ist 23 56 781.
3. Bitte schreiben Sie den Text bis morgen.

4. Bei Komposita bestimmt das letzte Wort den Artikel.

B 2

1. ◖ Ich wohne in der Habsburger Straße 87.
   ◖ Ich wohne in der Emser Straße 79.
2. ◖ Ich habe drei Schwestern und zwei Brüder.
   ◖ Ich habe einen Bruder und zwei Schwestern.
3. ◖ Ich bin Arzt von Beruf. Ich arbeite in einem Krankenhaus und muss auch am Wochenende arbeiten.
   ◖ Ich bin Ärztin von Beruf. Ich arbeite in einem Krankenhaus und muss auch am Wochenende arbeiten.
4. ◖ Also, ich wohne in Hamburg. Die Stadt ist toll, man kann so viel machen. Es gibt Kinos, Theater, Diskotheken. Oft komme ich erst sehr früh am Morgen nach Hause. Ach, und man kann einkaufen! Wahnsinn! Im Stadtzentrum gibt es zum Beispiel ...
   ◖ Ich wohne auch in Hamburg. Naja, die Stadt ist nicht schlecht.

C 4

1. Der Regionalexpress von Freising nach München, planmäßige Abfahrt 15.02 Uhr von Gleis drei fährt heute von Gleis sieben.
2. Achtung an Gleis vier. Der ICE von Stuttgart nach Hamburg, planmäßige Ankunft 8.04 Uhr, planmäßige Weiterfahrt 8.06 Uhr, wird zehn Minuten später kommen.
3. Meine Damen und Herren, bitte beachten Sie: Der Regionalexpress RE 234 nach Nienburg fährt heute von Gleis vier.
4. Bitte beachten Sie die aktuellen Fahrpläne auf den Bahnsteigen für eventuelle Änderungen im Zugbetrieb.

Alles klar 4

◖ Ich hätte gern eine Fahrkarte für die 1. Klasse von Frankfurt nach Osnabrück.
◖ Brauchen Sie eine Reservierung?
◖ Ja, bitte. Ich möchte am Dienstag um 7.58 Uhr abfahren.
◖ Haben Sie eine BahnCard?
◖ Nein.
◖ Das sind dann 139 Euro.

Alles klar 6

Der Schwarzwald. Der Schwarzwald ist sehr schön. Das Wetter ist sehr gut. Im Sommer regnet es wenig. Die Sonne scheint sehr viel. Es ist warm. Viele Leute machen dort Urlaub. Man kann im See schwimmen. Man kann in den Bergen wandern. Im Winter ist es kalt. Es gibt viel Schnee. Aber auch im Winter scheint die Sonne viel.

LEKTION 14 Zusammen leben

1. Hier wohnt Familie Kuhn. Heute möchte ich sie besuchen. Oh, die Haustür ist schwer. Sie wohnen im dritten Stock und haben einen schönen Balkon. Hier ist der Aufzug. Ach nein, ich gehe lieber zu Fuß. Treppen steigen, das ist gut für die Gesundheit. Puh, die Treppe war ganz schön anstrengend, so hier ist die Tür, wo ist die Klingel? Ach hier. Was ist das denn, haben Kuhns jetzt einen Hund?

A 4a

◖ Hallo, sind Sie auch neu hier in der Schlossstraße?
◖ Nein, ich wohne schon lange hier.
◖ Hallo, die Musik ist toll. Wollen wir tanzen?
◖ Ja, das ist eine gute Idee, komm ...
◖ Schönes Wetter, heute.

- Ja, wir haben wirklich Glück mit dem Wetter. Die ganze Woche hat es geregnet. Und jetzt – wunderbar!

C 2

- Mama, ich habe Durst!
- Tut mir leid, Anu, aber der Saft ist alle.
- Entschuldigen Sie, aber ich habe noch Tee. Möchten Sie....?
- Das ist aber nett – gern. Hier nimm, Anu, und sag „Danke"!
- Danke.
- Sind Sie oft hier?
- Ja, ich wohne ganz in der Nähe.
- Ich auch. So ein Spielplatz in der Nähe ist wirklich praktisch. Übrigens, ich heiße Renate, wollen wir nicht „du" sagen?
- Ja, gern, ich heiße Kouma. Kommen Sie, äh ich meine, kommst du oft auf diesen Spielplatz?
- Ja, fast jeden Tag. Dort hinten, das ist meine Tochter, sie heißt Nina.
- Wie alt ist sie?
- Nina ist drei. Ab August soll sie in den Kindergarten gehen. Ich möchte wieder arbeiten.
- Ich bin zu Hause. Aber mein Mann hat ein Geschäft und braucht meine Hilfe. Vielleicht suche ich auch einen Kindergartenplatz für Anu.
- Das ist sicher gut. Er kann dort mit anderen Kindern spielen ...
- ... und dann muss er Deutsch sprechen. Wissen Sie, äh ich meine, weißt du, wir sprechen zu Hause Französisch und nur draußen Deutsch. Anu versteht viel, aber er spricht zu wenig Deutsch.
- Wir gehen nächste Woche in den Kindergarten.

C 3b

- Wir gehen nächste Woche in den Kindergarten, warum kommt ihr nicht einfach mit?
- Das ist eine gute Idee. Ich komme gern mit. Soll ich dich anrufen, dann können wir einen Termin machen?
- Ja, aber ich weiß meine Handynummer nicht. Oh, es fängt an zu regnen. Willst du nicht mit zu mir kommen? Dann kann ich dir die Nummer geben, die Kinder spielen zusammen und ich mach uns einen Kaffee.
- Wenn du wirklich Zeit hast, sehr gern.

Alles klar 5

Guten Tag, wie geht es Ihnen? – Schönes Wetter heute. – Ich glaube, wir haben uns schon mal gesehen. – Sind Sie auch neu hier im Haus? – Mhm, das schmeckt gut, haben Sie das selbst gemacht? – Wir haben heute Glück mit dem Wetter. – Haben Sie schon gehört, wir haben neue Nachbarn. – Hallo, die Musik ist toll, wollen wir tanzen?

Station 4

Start A1 – ein Modelltest

Teil 1

Beispiel

- Hallo Anja.
- Hi, Karin. Gehen wir am Wochenende ins Kino?
- Ja, gern. Hast du am Freitag Zeit?
- Nein, Freitag kann ich leider nicht, ich kann aber am Samstag.
- Hm, am Samstag kann ich nicht. Gehen wir am Sonntag?
- Ja, Sonntag ist gut.

1. Entschuldigung, was kosten denn die Schuhe hier? Da ist kein Preis dran.

- ◖ Die Schuhe, Moment, ich schau mal im Computer nach. Die Schuhe kosten 49 Euro.
- ◖ 49 Euro? Gut, die nehme ich.

2. ◖ Der Deutschkurs beginnt morgen nicht um 13 Uhr, wir fangen eine Dreiviertelstunde später an.
   ◖ Wie bitte, wann fangen wir an?
   ◖ Wir fangen um 13.45 Uhr an.
3. ◖ Entschuldigung, ich suche den Bahnhof.
   ◖ Der Bahnhof, der ist ganz in der Nähe. Gehen Sie hier die nächste Straße rechts, dann kommen Sie gleich zum Bahnhof.
   ◖ Da vorne rechts?
   ◖ Ja, genau, da gehen Sie rechts, dann sehen Sie schon den Bahnhof.
4. ◖ So, Frau Stark, ich gebe Ihnen ein Rezept für die Tabletten. Die müssen Sie zehn Tage lang nehmen.
   ◖ Wie oft und wann soll ich die Tabletten nehmen?
   ◖ Drei mal pro Tag, immer vor dem Essen. Also vor dem Frühstück, vor dem Mittagessen und vor dem Abendessen.
5. ◖ Herr Wang, wie kommen Sie zum Deutschkurs? Fahren Sie mit dem Bus?
   ◖ Nein, ich wohne ganz in der Nähe. Meistens fahre ich mit dem Fahrrad, aber jetzt ist mein Fahrrad kaputt. Jetzt gehe ich zu Fuß.
6. ◖ Hallo, Petra, hier ist Anna. Was brauchen wir noch für das Grillfest morgen?
   ◖ Hallo, Anna. Moment, also Fleisch und Brot habe ich schon gekauft, aber wir haben noch keinen Salat.
   ◖ Gut, dann bringen wir noch einen Salat mit.

Teil 2

Beispiel

Meine Damen und Herren, auf Gleis drei erhält Einfahrt der ICE 212 von Hamburg nach München, über Mannheim, Stuttgart und Augsburg. Die Wagen der 1. Klasse halten in den Abschnitten A und B, die Wagen der 2. Klasse halten in den Abschnitten C bis E.

7. Meine Damen und Herren, wegen einer Störung im Betriebslauf hat der IC 788 von Kiel nach Hamburg, Ankunft 13.20 Uhr, eine halbe Stunde Verspätung. Ich wiederhole, der IC von Kiel nach Hamburg kommt zirka eine halbe Stunde später. Wir bitten um Ihr Verständnis.
8. Verehrte Kunden, unsere große Herbstaktion im ersten Stock: Schuhe im Sonderangebot. Herrenschuhe, Damenschuhe und Kinderschuhe heute billiger. Kommen Sie in den ersten Stock.
9. Frau Malzahn, gebucht auf Lufthansa Flug 544 nach London, bitte zur Information in Halle eins. Frau Malzahn bitte in Halle eins zum Informationsschalter.
10. Meine Damen und Herren, die S-Bahn nach Frankfurt fährt heute nicht auf Gleis drei. Wegen Bauarbeiten an den Gleisen fährt die S-Bahn heute auf Gleis fünf.

Teil 3

11. Hier ist der automatische Anrufbeantworter der Praxis Dr. Mocker. Sie rufen außerhalb unserer Sprechzeiten an. Unsere Sprechzeiten sind Montag, Dienstag, Donnerstag und Freitag von neun bis 18 Uhr und Mittwoch von acht bis zwölf Uhr. Am Mittwochnachmittag ist unsere Praxis geschlossen.
12. Hallo, Anne, hier ist Kai. ich bin jetzt im

Zug und komme um kurz nach drei in Berlin an, am Hauptbahnhof. Holst du mich ab? Auf dem Gleis ist es immer so voll. Wir können uns im Erdgeschoss an der Information treffen. Schick mir eine SMS. Tschüss.

13. Hallo Eric, hier ist Monika. Tut mir leid, ich muss heute länger arbeiten, ich kann nicht sofort kommen. Ich kann erst um acht oder vielleicht halb neun bei dir sein. Bis dann, Tschüss.

14. Guten Morgen, Frau Barthel, hier ist Holger Baum. Ich bin krank und kann heute und morgen nicht zur Arbeit kommen. Am Montag bin ich wieder da. Sagen Sie bitte meinen Kollegen Bescheid? Danke.

15. Hallo, Tina, du bist nicht da, schade! Ich bin heute in Frankfurt, vielleicht können wir heute Abend essen gehen? Ruf mich doch zurück. Meine Handynummer ist: 0171 – 330 427.

Alphabetische Wortliste

Die alphabetische Wortliste enthält den Wortschatz der Lektionen 1–14 sowie der Stationen des Kursbuches (Teilband 1 und 2). Zahlen, grammatische Begriffe sowie Namen von Personen, Städten und Ländern sind in der Liste nicht enthalten. Wörter, die zum Wortschatz des ***Test Start Deutsch 1*** und des ***Deutsch-Test für Zuwanderer (B1)*** gehören, sind markiert.
Die Zahlen geben an, wo die Wörter zum ersten Mal vorkommen (z. B. 5/B1a bedeutet Lektion 5, Block B, Übung 1a).
AT bedeutet Auftaktseite der jeweiligen Lektion.
Ein · oder ein _ unter dem Wort zeigt den Wortakzent:
ạ = kurzer Vokal
a̲ = langer Vokal
ab|holen = trennbares Verb

Nach dem Nomen finden Sie immer den Artikel und die Pluralform:
" = Umlaut im Plural
Sg. = dieses Wort gibt es (meistens) nur im Singular
Pl. = dieses Wort gibt es (meistens) nur im Plural

–

4-Zịmmerwohnung, die, -en 3/E1a

A

ạb 9/C3
ạb|biegen, ạbgebogen 9/C4
A̲bend, der, -e 5/C1b
A̲bendessen, das, - 6/A7
a̲bends 13/klar2
a̲ber 2/A1b
ạb|fahren, ạbgefahren 13/C1b
Ạbfahrt, die, -en 13/C1b
ạb|geben, ạbgegeben 11/C3
ạb|holen 5/B1a
Ạbkürzung, die, -en 3/E3
ạb|melden 11/AT1a
Ạbsender, der, - 14/B3b
Abte̲i̲lung, die, -en 12/B3a
Adrẹsse, die, -n 2/D
Agentu̲r für Arbeit, die, Sg. 11/AT
alle̲i̲n, alle̲i̲ne 7/A5
ạlles 4/D1b
Alphabe̲t, das, -e 1/C1
ạls (Komparativ) 13/A4
ạlso 5/A7
ạlt 2/AT
Ạlter, das, Sg. 2/klar2a
ạltmodisch 12/AT3
ạm 4/B1
am Appara̲t 8/A1a
am bẹsten 8/A3a
Ạmpel, die, -n 9/B3a
Ạmt, das, "-er 11/AT
ạn 6/D2
ạndere 11/A1b
ạnders 4/D1b
ạn|fangen, ạngefangen 5/B1a
Ạngebot, das, -e 6/A5a
ạn|halten, ạngehalten 9/C4
ạn|kommen, ạngekommen 13/C1b
ạn|kreuzen Station1/1
Ạnkunft, die, "-e 13/C1b
ạn|machen 8/C1
Ạnmeldebestätigung, die, -en 11/A1a
Ạnmeldeformular, das, -e 2/D2a
ạn|melden 11/AT1a
Ạnmeldung, die, -en 7/A1a
ạn|nehmen, ạngenommen 7/A1a
ạn|probieren 12/A2a

Anrede, die, -n 14/B4b
an|rufen, angerufen 5/B3a
Antibiotikum, das, Antibiotika 8/A3a
Antwort, die, -en 1/A4
antworten 1/AT2b
Anzeige, die, -n 1/E4
an|ziehen, angezogen 12/A4b
Anzug, der, “-e 12/AT1
Apfel, der, “- 6/AT
Apfelsaft, der, “-e 6/A4
Apotheke, die, -n 8/B1
Appetit, der, Sg. 6/AT
April, der, Sg. 13/A5a
Arabisch 4/C3
Arbeit, die, -en 2/A1b
arbeiten 2/A1b
Arbeitgeber/in, der/die, -/-nen 8/B1
Arbeitstag, der, -e 7/A1a
Arbeitszeit, die, -en 7/A1a
ärgerlich 14/B3a
Arm, der, -e 8/A2a
Arzt/Ärztin, der/die, “-e/-nen 1/E1
Arztbesuch, der, -e 11/C2
Arztpraxis, die, -praxen 4/D1a
Arzttermin, der, -e 5/C2
Asienladen, der, “- 3/D1
auch 2/A1b
auf (1): auf Deutsch 2/B1c
auf (2): auf dem Foto 4A1a
auf (3): auf dem Platz 9/B3a
auf Wiederhören 2/D2a
auf Wiedersehen 1/A3a
Aufgabe, die, -n 7/A1a
auf|hören 5/B1a
auf|legen 8/E1
auf|machen 8/A3a
auf|räumen 5/B1a
auf|stehen, aufgestanden 5/B1a
Aufzug, der, “-e 14/AT1
Auge, das, -n 8/A2a
Augenarzt/ärztin, der/die, “-e/-nen 8/AT
August, der, Sg. 13/A5a
aus 1/AT2a
aus|fallen, ausgefallen 5/B2
Ausflug, der, “-e 8/klar5
aus|füllen 7/C2c
Ausgang, der, “-e 12/B3a
aus|gehen, ausgegangen 5/B1a
Ausländeramt, das, “-er 11/AT2
aus|sehen, ausgesehen 12/AT3
Auto, das, -s 2/B3b
Autokennzeichen, das, - 1/D3
Autoschlüssel, der, - 10/B2

B

Babybekleidung, die, Sg. 12/B2
Babywäsche, die, Sg. 12/B1a
backen, gebacken 14/A1b
Bäckerei, die, -en 6/A2
Bad, das, “-er 3/E2
BahnCard, die, -s 13/C1b
Bahnhof, der, “-e 9/A1
Bahnsteig, der, -e 13/C4
bald 1/A3a
Balkon, der, -e/-s 3/E1a
Ball, der, “-e 5/D1b
Banane, die, -n 6/AT
Bank (1), die, -en 7/AT1a
Bank (2), die, “-e 9/B3a
Bankkaufmann/Bankkauffrau, der/die, Bankkaufleute 7/AT1b
Bankleitzahl, (BLZ), die, -en 7/C1a
Bankverbindung, die, -en 7/C2b
Basketball, der, “-e 7/B1a
Basketballtraining, das, Sg. 7/B1a
Basketballverein, der, -e 7/C2a
Bauarbeiter/in, der/die, -/-nen 1/E1
Bauch, der, “-e 8/A2a
Bauchschmerzen, Pl. 8/AT1c
Bauernhof, der, “-e 13/AT1
Baum, der “-e 9/B3a
Beamte/Beamtin, der/die, -n/-nen 11/B2b
beantragen 11/AT1a
bearbeiten 7/A1a
Becher, der, - 6/A5a
bedeuten 11/D1a
bedienen 7/A1a
beginnen, begonnen 5/A4
Behörde, die, -n 11/AT
bei 4/C
Bein, das, -e 8/A2a
Beispiel, das, -e 2/AT2a
bekommen, bekommen 9/C5
benutzen 9/AT2
bequem 12/AT3
beraten, beraten 7/A1a
Berg, der, -e 13/AT1
Beruf, der, -e 1/E
Berufsberatung, die, -en 11/AT1a
berufstätig 11/A1a
berühmt 13/D1a
besichtigen 4/B2a
Besserung, die, Sg. (hier: Gute Besserung!) 8/AT
bestellen 7/A1a
bestimmt 14/A1b
Besuch, der, -e 8/A
besuchen 4/B2a

Betreff, der, Sg. 14/B4b
betreuen 14/C5a
Bett, das, -en 3/AT1a
bewölkt 13/A1
bezahlen 3/E1a
Bibliothek, die, -en 9/A3
Bier, das, -e 6/A7
Bild, das, -er 3/AT1a
billig 3/E4b
Birne, die, -n 6/B4
bis 1/A3a
bisschen, ein bisschen 2/A1b
bitte Station1/2
Bitte, die, -n 14/A1b
blau 3/C1
bleiben, geblieben 2/A1b
Bleistift, der, -e 2/B3a
Blinddarmentzündung, die, -en 8/D1a
blinken 9/C4
Blume, die, -n 3/A1b
Bluse, die, -n 12/AT1
Boutique, die, -n 12/A3a
brauchen 3/B
braun 3/C1
Briefträger/in, der/die, -/-nen 7/AT1b
Brille, die, -n 2/B1a
bringen, gebracht 8/D1a
Brot, das, -e 6/AT
Brötchen, das, - 6/A7
Brücke, die, -n 13/C5a
Bruder, der, "- 4/AT
Brust, die, "-e 8/E2
Buch, das, "-er 2/B1a
Buchstabe, der, -n 1/C
buchstabieren 1/C3
Bürgeramt, das, "-er 11/AT2
Bürgersteig, der, -e 9/C3
Büro, das, -s 7/A5
Bus, der, -se 5/klar2
Bushaltestelle, die, -n 9/B3c
Butter, die, Sg. 6/AT

C

Café, das, -s 9/B3a
Chef/in, der/die, -s/-nen 7/B1a
Chinesisch 2/A1b
Chips, Pl. 6/A6
Computer, der, - 2/B3b
Computerspiel, das, -e 5/C3
cool 12/A4b
Cornflakes, Pl. 6/D2
Cousin, der, -s 4/AT2
Cousine, die, -n 4/AT2

D

da 3/AT2
Dachgeschoss, das, -e 3/D1
Damenkleid, das, -er 12/B1b
danach 4/B2b
Dank, der, Sg. 2/D2a
danke 1/A3a
danken 11/B2b
dann 4/B2b
das 1/A2a
Datum, das, Daten 11/A2
dauern 13/C5a
denn (1): ... denn am Wochenende will ich nicht arbeiten. 7/A1a
denn (2): Was fehlt Ihnen denn? 8/A3a
deutlich 8/E1
Deutsch 1/B1
Deutschkurs, der, -e 2/B
Dezember, der, Sg. 13/A5a
Dialog, der, -e Station1/1
Dienstag, der, -e 5/C1a
Dienstagabend, der, -e 5/C3
Dienstagnachmittag, der, -e 5/D1
direkt 12/B3a
Disko, die, -s 10/B6
doch 6/A2
Donnerstag, der, -e 5/C1a
Dorf, das, "-er 11/AT2
dort 4/C1a
Dose, die, -n 6/A1
draußen 7/A5
dringend 8/E1
drinnen 7/A5
du 1/A3a
dunkel 3/E4a
durch 9/AT
dürfen, gedurft 9/C2a
Durst, der, Sg. 6/A4

E

EC-Karte, die, -n 7/C1a
Ecke, die, -n 8/E1
Ei, das, -er 6/A1
Einbauküche, die, -n 3/E3
einfach 9/B4b
Einfamilienhaus, das, "-er 3/E3
Eingang, der, "-e 11/D2
einige 14/B3a
ein|kaufen 5/B1a
Einkaufszettel, der, - 6/A
ein|laden, eingeladen 14/A3
Einladung, die, -en 14/A3
ein|tragen, eingetragen 11/D1a
Einzug, der, "-e 11/A1a
Eis, das, Sg. 4/C3
elegant 12/AT3
Eltern, Pl. 4/AT1
Elternhaus, das, "-er 4/D1a
Empfänger/in, der/die, -/-nen 14/B4b

empfehlen, empfohlen 8/B2
enden 5/A4
Endstation, die, -en 13/C5a
Englisch 2/A1b
Englischkurs, der, -e 5/A7
Enkel/in, der/die, -/-nen 4/A1a
entschuldigen 5/A1
Entschuldigung! 1/A1a
Entschuldigung, die, -en 8/C1
er 2/A2a
Erbse, die, -n 6/A6
Erdgeschoss, das, -e 3/D1
ergänzen Station1/1
erkältet 8/A3a
erklären Station1/2
Erwachsene, der/die, -n 9/C5
es 1/A3a
essen, gegessen 4/C1a
Essen, das, - 10/A5
etwas 6/B1c
Euro, der, -s 2/B2a

F

Facharzt/Fachärztin, der/die, "-e/-nen 8/B1
fahren, gefahren 4/C1a
Fahrkarte, die, -n 9/B2
Fahrplan, der, "-e 13/C4
Fahrrad, das, "-er 5/C2
Fahrschule, die, -n 9/C
Fahrt, die, -en 11/C2
falsch 2/A1b
Familie, die, -n 2/D2b
Familienkasse, die, Sg. 11/AT
Familienname, der, -n 11/A1a
Familienstand, der, Sg. 11/A1a
Farbe, die, -n 3/C
faulenzen 4/C1a
Februar, der, Sg. 13/A5a
fehlen (1) 3/A1a
fehlen (2): Was fehlt Ihnen? 8/A3a
Fehlen, das, Sg. 8/C2
feiern 14/A3
Feld, das, -er Station 1
Fenster, das, - 14/AT1
Ferien, Pl. 10/klar7b
Feriengast, der, "-e 13/D1a
fern|sehen, ferngesehen 5/B1a
Fernseher, der, - 3/AT1a
Fertigpizza, die, -s/-pizzen 10/A1a
Fest, das, -e 11/C2
Festkomitee, das, -s 14/A3
Festspiel, das, -e 13/D1a
Feuer, das, Sg. 8/E2
Fieber, das, Sg. 8/A3a
Fieberthermometer, das, - 8/C1
Film, der, -e 4/C1a
finden, gefunden (1): Arbeit finden 2/A1b
finden, gefunden (2): Wie findest du...? 3/C3
Firma, die, Firmen 1/E4
Fisch, der, -e 6/AT
Fischer, der, - 13/D1a
Fischspezialität, die, -en 13/D1a
Flasche, die, -n 6/A6
Fleisch, das, Sg. 6/klar2
fliegen, geflogen 9/AT2
Flohmarkt, der, "-e 12/A3a
Flughafen, der, "- 9/B1b
Flugzeug, das, -e 9/AT1
Fluss, der, "-e 9/B3a
Formular, das, -e 7/A1a
Foto, das, -s 2/AT1
Frage, die, -n Station1/2
fragen 1/AT2b
Frau, die, -en 1/A3a
frei 2/D2a
Freitag, der, -e 5/C1a
Freizeit, die, Sg. 5/AT1a
Freizeitprogramm, das, -e 4/B
fremd 9/B1b
Freund/in, der/die, -e/-nen 3/E1a
Friseur/in, der/die, -e/-nen 1/E2
Früchtetee, der, -s 6/D2
früh 5/klar3
früher 4/D
Frühling, der, Sg. 13/A5a
Frühstück, das, -e 6/D1
frühstücken 6/D2
Führerschein, der, -e 9/C1
Führerscheinprüfung, die, -en 9/C5
funktionieren 14/B1
für 4/D1b
furchtbar 3/C3
Fuß, der, "-e 8/A2a
Fußball, der, "-e 5/AT1a
Fußballspiel, das, -e 5/A7

G

ganz 3/C3
gar nicht 12/AT3
Garten, der, "- 3/E1a
geben, gegeben (1) 6/B1c
geben, gegeben (2): es gibt 4/B1
geboren 11/A1a
Geburtsdatum, das, Sg. 11/A1a
Geburtsort, der, -e 11/A1a
gefährlich 14/B4a
gefallen, gefallen 12/AT3
Gegenteil, das, -e Station3/4
Gehalt, das, "-er 11/B2b
Gehaltsabrechnung, die, -en 11/B1

gehen, gegangen (1): Wie geht es Ihnen? 1/A3a
gehen, gegangen (2): Bis wann geht der Kurs? 5/A7
gehen, gegangen (3): Sie geht aus dem Haus. 7/B1a
gehen, gegangen (4): Das Licht geht nicht. 14/B1a
gehören 11/B2b
gelb 3/C1
Geld, das, Sg. 7/A1a
Geldautomat, der, -en 7/C1a
Gemeinde, die, -n 11/A1a
Gemüse, das, Sg. 6/B1a
gemütlich 3/C3
genau (1), Adj. 13/B1a
genau (2), Adv. 14/A1b
genauso 13/A4
genug 3/E1a
geöffnet 12/B3a
gerade 14/A1b
geradeaus 9/B4b
gern 4/B1
Gern geschehen! 14/A1b
Geschäft, das, -e 3/D1
Geschenkartikel, der, - 12/B1a
Geschichte, die, -n 8/C3
geschieden 10/AT2
geschlossen 8/AT
Geschwister, Pl. 4/AT1
gestern 7/B6
Gesundheit, die, Sg. 8/B
Getränk, das, -e 6/A7
Getränkemarkt, der, "-e 6/B1a
gießen, gegossen, 14/A1c
Girokonto, das, -konten 7/C1a
Glas, das, "-er 6/A6
glauben 8/E1
gleich 8/klar1
Gleis, das, -e 13/C2
Glück, das, Sg. 14/A4a
glücklich 14/C1
Grad, der, 16° Celsius 13/A2
Gramm, das, Sg. 6/A7
grau 3/C1
Grill, der, -s 14/A3
grillen 7/A6
Grippe, die, -n 8/A3a
groß 3/AT2
Größe, die, -n 12/B3a
Großeltern, Pl. 4/AT1
Großmutter, die, "- 4/AT
Großstadt, die, "-e 10/AT1
Großvater, der, "- 4/AT
grün 3/C1
Gruß, der, "-e 8/C2
günstig 12/AT3
Gurke, die, -n 6/D2
gut 1/A3a
Guten Appetit 6/AT
Guten Morgen 1/A1a
Guten Tag 1/AT

H

haben, gehabt 2/D2a
Hackfleisch, das, Sg. 6/A7
Hafen, der, "- 4/B3a
Hafenrundfahrt, die, -en 4/B3a
Hähnchen, das, - 6/AT
halb 5/A1
Hallo 1/A3a
Hals, der, "-e 8/A2a
Halsschmerzen, Pl. 8/AT1c
halten, gehalten 9/klar6
Haltestelle, die, -n 7/B5
Hand, die, "-e 8/A2a
Handy, das, -s 3/B2
hässlich 3/AT2
Hauptbahnhof, der, "-e 9/B1a
Hauptwohnung, die, -en 11/A1a
Haus, das, "-er 1/A1a
Hausarzt/Hausärztin, der/die, "-e/-nen 8/AT
Hausaufgabe, die, -n 1/B1
Hausfrau, die, -en 1/E3
Hausmeister/in, der/die, -/-nen 7/AT1b
Hausnummer, die, -n 2/D1
Hausverwaltung, die, -en 14/B3a
heben, gehoben 8/A4
Heft, das, -e 2/B1a
Heimat, die, Sg. 2/AT
Heimatland, das, "-er 2/klar2a
heiraten 11/AT1a
heiß 13/A1
heißen, geheißen 1/AT
Heizung, die, -en 14/B1a
helfen, geholfen 7/A1a
hell 3/E4a
Hemd, das, -en 12/AT1
Herbst, der, Sg. 13/A5a
Herd, der, -e 3/AT1a
Herr, der, -en 1/A3a
Herrenbekleidung, die, Sg. 12/B1a
Herrenhose, die, -n 12/B1b
herunter|laden, heruntergeladen 11/C3
herzlich 11/D2
heute Station1/2
hier 1/A1a
hinten 12/B3a
hinter 9/B3a
Hobby, das, -s 5/AT2
Hochhaus, das, "-er 3/E1a
Hochzeit, die, -en 11/C2
Hochzeitstag, der, -e 11/A5

Hof, der, "-e 14/AT1
Hoffest, das, -e 14/A3
holen 6/A2
Honig, der, Sg. 6/D2
hören Station1/1
Hose, die, -n 12/AT1
Hund, der, -e 14/AT1
Hunger, der, Sg. 6/A4
Husten, der, Sg. 8/A3a

I

ICE (=Intercity-Express), der, -s 13/C1b
ich 1/AT
ich hätte gern 6/B1c
Idee, die, -n 4/B1
ihr 1/B1
im 1/A1
Imbiss, der, -e 6/D1
immer 3/E1a
in 1/A1c
Informationsbroschüre, die, -n 11/B2b
Informationsschalter, der, - 11/D1b
Insel, die, -n 13/D1a
interessant 5/B3a
Internet, das, Sg. 5/AT1a
Interview, das, -s 2/klar2a

J

ja 3/A2a
Jacke, die, -n 12/AT1
Jahr, das, -e 2/A1b
Jahreszahl, die, -en 10/C2
Jahreszeit, die, -en 13/A5a
Januar, der, Sg. 13/A5a
Jeans, die, - 12/AT1
jeden Tag 5/C2
jeder, jedes, jede 8/B1
jetzt 2/A1b
joggen 5/AT1a
Joghurt, der, -s 6/AT
Jugendliche, der/die, -n 9/C5
Juli, der, Sg. 13/A5a
Junge, der, -n 5/AT1c
Juni, der, Sg. 13/A5a

K

Kaffee, der, Sg. 6/AT
Kakao, der, -s 6/D2
kalt 3/E4a
Kantine, die, -n 6/D1
kaputt 10/B2
Karriere, die, -n 7/A5
Karten spielen 10/A5
Kartoffel, die, -n 6/AT
Käse, der, Sg. 6/AT
Käsekuchen, der, - 6/B4
Kasse, die, -n 7/A1a
Kasten, der, "- 11/D2
Katalog, der, -e Station 3/2a
kaufen 3/B2
Kaufhaus, das, "-er 12/AT
Kaugummi, der, -s 6/A1
Kellner/in, der/die, -/-nen 7/AT1b
kennen, gekannt 4/B4
kennen|lernen 13/D2
KfZ-Zulassung, die, -en 11/C1a
Kfz-Zulassungsstelle, die, -n 11/AT
Kilo, das, -s 6/A5a
Kilogramm, das, Sg. 6/A7
Kind, das, -er 2/B3b
Kinderarzt/Kinderärztin, der/die, "-e/-nen 8/AT
Kinderbetreuung, die, -en 14/C5b
Kindergarten, der, "- 7/klar6
Kindergeld, das, Sg. 11/AT1a
Kindergeldantrag, der, "-e 11/klar2
Kinderwagen, der, - 14/AT1
Kindheit, die, Sg. 4/D1a
Kino, das, -s 5/B1a
Kiosk, der, -e 6/B1a
Kita, die, -s 2/D2a
klar 5/D1b
Klasse, die, -n, (Erste/Zweite Klasse) 13/C1b
Kleid, das, -er 12/AT1
Kleidung, die, -Sg. 12/AT3
klein 3/AT2
Kleinigkeit, die, -en 6/D2
Kleinstadt, die, "-e 10/AT1
Klingel, die, -n 14/AT1
klingeln 5/A6
Koch/Köchin, der/die, "-e/-nen 1/E2a
kochen 4/B2a
Kochkurs, der, -e 5/A7
Koffer, der, - 5/C2
Kollege/Kollegin, der/die, -n/-nen 7/B1a
komisch 12/AT3
kommen, gekommen 1/AT2a
Kommode, die, -n 3/AT1a
kompliziert 11/B2b
können, gekonnt Station1/2
Kontakt, der, -e 7/A1a
Kontinent, der, -e 2/AT1
Kontoauszug, der, "-e 7/C1a
Kontonummer, (Konto-Nr.), die, -n 7/C1a
Kontrolle, die, -n 8/A3a
kontrollieren 7/A1a
Konzert, das, -e 5/D3
Kopf, der, "-e 8/A2a

Kopfschmerzen, Pl. 8/C1
Kopie, die, -n 8/B1
Körperteil, der, -e 8/A2a
kosten 2/B2a
krank Station1/3a
Krankengymnastik, die, Sg. 8/A4
Krankenhaus, das, ¨-er 8/B1
Krankenkasse, die, -n 8/B1
Krankenversicherung, die, -en 8/B2
Krankschreibung, die, -en 8/B1
Kreuzung, die, -en 9/B4b
Krimi, der, -s 5/A7
Küche, die, -n 3/AT1c
Kuchen, der, - 6/A7
Kugelschreiber, der, - 2/B1a
Kühlschrank, der, ¨-e 3/AT1a
Kulturfestival, das, -s 13/D1a
Kunde/Kundin, der/die, -n/-nen 6/B1c
Kurs, der, -e Station1
Kursfest, das, -e 6/klar3
Kursgebühr, die, -en 11/D1b
Kursleiter/in, der/die, -/-nen 5/A4
Kursliste, die, -n 7/A1a
Kursraum, der, ¨-e 2/B4
Kurstermin, der, -e 7/A1a
kurz 13/A5b

L

Laden, der, ¨- 7/A1a
Ladenbesitzer/in, der/die, -/-nen 7/A1a
Lampe, die, -n 2/B1a
Land (1), das, ¨-er 2/A1c
Land (2), das, Sg. (auf dem Land) 10/C3a
Landschaft, die, -en 13/D
lang(e) 1/A1a
langsam 7/A1a
langweilig 3/C3
laufen, gelaufen 13/C6
Laune, die, Sg. 14/A3
laut 3/E4a
leben 4/A4
Leben, das, - 7/B
Lebensmittel, Pl. 4/B2a
Ledertasche, die, -n 12/B1b
ledig 10/AT1
Lehrer/in, der/die, -/-nen 1/E1
leider 5/D2
leise Station 3/1
Lektion, die, -en 13/B3
lernen 1/B1
lesen, gelesen 4/C1a
Leute, die, Pl. 9/B3a
Licht, das, Sg. 14/AT1
Liebe Claudia, / Lieber John, 10/B1
Lieblingsfarbe, die, -n 3/C2
Lieblingsjahreszeit, die, -en 13/A6
liegen, gelegen 2/AT2a
lila 3/C1
Lineal, das, -e 2/B1a
Linie, die, -n 9/B1a
links 3/D1
Liter, der, Sg. 6/A7
LKW, der, -s 9/C2b
los|gehen, losgegangen 10/B1
Lösung, die, -en 11/B2b
Lust, die, Sg. 5/D2

M

machen 1/B
Mädchen, das, - 5/AT
Mädchenhose, die, -n 12/B3b
Mai, der, Sg. 13/A5a
Mais, der, Sg. 6/A1
mal 8/A3a
Maler/in, der/die, -/-nen 7/AT1b
man 1/C3
manchmal 6/AT2a
Mann, der, ¨-er 4/A1a
Mann, der, ¨-er 4/A1a
männlich 11/A1a
Marathon, der, -s 2/C4a
Markt, der, ¨-e 6/B1a
Marmelade, die, -n 6/A6
März, der, Sg. 13/A5a
Medikament, das, -e 8/B1
Meer, das, -e 13/AT1
mehr 6/B1c
meinen 12/A5b
Meldestelle, die, -n 11/C1a
Messe, die, -n 9/B1a
messen, gemessen 8/C1
Miete, die, -n 3/E2
Mietshaus, das, ¨-er 14/AT3
Mietvertrag, der, ¨-e 11/B1
Mietwohnung, die, -en 11/B2b
Mikrowelle, die, -n 3/B2
Milch, die, Sg. 6/AT
mindestens 9/C5
Mineralwasser, das, - 6/D2
minus 1/D4
Minute, die, -n 8/E1
mit 3/E1a
mit freundlichen Grüßen 8/C2
mit|bringen, mitgebracht 5/B1a
mit|fahren, mitgefahren 9/C5
Mitgliedsbeitrag, der, ¨-e 7/C2c
mit|kommen, mitgekommen 5/B1a

mit|nehmen, mitgenommen 13/C5a
Mittag, der, -e 5/C1b
Mittagessen, das, - 4/B2a
mittags 6/D2
Mittagspause, die, -n 7/B1a
Mittwoch, der, -e 5/C1a
Möbel, Pl. 3/AT1c
möchten, gemocht 6/B3a
modern 3/AT2
Modeschmuck, der, Sg. 12/B1a
mögen, gemocht 6/C
möglich Station 3/1
Moment, der, -e 1/C3
Monat, der, -e 13/A5a
Monatskarte, die, -n 9/B2
Montag, der, -e 5/C1a
morgen 1/A4
Morgen, der, - 5/C1b
morgens 7/A1a
Motorrad, das, "-er 9/AT1
müde 10/B1
Mülltonne, die, -n 14/AT1
Multimedia-Abteilung, die, -en 12/B3a
Mund, der, "-er 8/A2a
Münze, die, -n Station 1
Musik, die, Sg. 5/AT1a
Musiker/in, der/die, -/-nen 4/A4
Müsli, das, -s 6/A4
müssen, gemusst 7/A
Mutter, die, "- 4/AT
Muttersprache, die, -n 2/A1b

N

nach (1): nach Berlin 4/B1
nach (2): Viertel nach sieben 5/A1
nach Hause 4/C2
nach Vereinbarung 8/AT
Nachbar/in, der/die, -n/-nen 14/A
Nachmittag, der, -e 5/C1b
Nachricht, die, -en 5/A6
Nachrichten, Pl. 5/A6
nach|sehen, nachgesehen 12/B3a
nächster, nächstes, nächste 8/A1a
Nacht, die, "-e 5/C1b
Nachteil, der, -e 12/B6
Nachtisch, der, -e 6/D2
Nähe, die, Sg. (hier: in der Nähe) 3/E1a
Name, der, -n 1/AT1
Nase, die, -n 8/A2a
nass 13/A1
Nationalität, die, -en 2/A
neben 9/B3a
Nebenkosten, Pl. 3/E3
nee 12/A4b
Neffe, der, -n 4/A1a
nehmen, genommen 4/C2
nein 3/A2a
nennen, genannt 11/A1b
nett 11/B2b
Netz, das, -e 6/A6
neu 1/A1a
nicht 3/C3
Nichte, die, -n 4/A1a
nie 6/AT2a
niemand 4/C1a
noch 2/D2a
noch einmal 8/A1a
Norden, der, Sg. 13/A2
Notarzt/Notärztin, der/die, "-e/-nen 8/E1
Notfall, der, "-e 8/E1
Notruf, der, -e 8/E
November, der, Sg. 13/A5a
Nudeln, Pl. 6/AT
Nummer, die, -n 2/klar3
nun 8/A3c
nur 6/A5a

O

oben 3/D1
Obergeschoss, das, -e 3/E3
Obst, das, Sg. 6/A2
Obst- und Gemüseladen, der, "- 3/D1
oder 4/D1b
öffnen 7/A1a
Öffnungszeiten, Pl. 11/klar3
oft 4/C1a
ohne 6/D2
Ohr, das, -en 8/A2a
Ohrenschmerzen, Pl. 8/klar1
okay 3/C3
Oktober, der, Sg. 13/A5a
Onkel, der, - 4/AT2
Oper, die, -n 13/D1a
operieren 8/D1a
Orange, die, -n 6/A1
Orangensaft, der "-e 6/C1a
Original, das, -e 8/B1
Ort, der, -e 10/C1c
Osten, der, Sg. 13/A2

P

packen 5/C2
Packung, die, -en 6/A6
Paket, das, -e 5/B1a
Paketdienst, der -e 14/A1b
Papier, das, -e 2/B1a
Park, der, -s 9/B4a
parken 9/C4
Parkplatz, der, "-e 9/B3a

Partner/in, der/die, -/-nen Station2/1
Pass, der, "-e 11/C1a
passen 12/A1b
passieren, passiert 8/E1
Pause, die, -n 5/A4
Pension, die, -en 13/D1a
Person, die, -en 8/E1
Pfund, das, Sg. 6/A7
Picknick, das, -s 6/A7
Pizza, die, -s/Pizzen 4/C2
planen 6/klar3
Platz (1), der, "-e 2/D2a
Platz (2), der, Sg. 3/E1a
Platz (3), der, "-e: Auf dem Platz sind viele Leute. 9/B3a
Playmobil, das, -s 14/A1c
plus 1/D4
Polizei, die, Sg. 9/B4b
Pommes frites, Pl. 6/C1a
Portugiesisch 2/A2a
Post, die, Sg. 7/B2
Postkarte, die, -n 10/B1
Postleitzahl, die, -en 2/D1
praktisch 12/A3b
Praxis, die, Praxen 4/D1b
Praxisgebühr, die, -en 8/B1
Preis, der, -e 6/B2
probieren 6/A5a
Problem, das, -e 6/B1c
Programmierer/in, der/die, -/-nen 7/AT1b
Prüfung, die, -en 9/C5
Pullover, der, - 12/AT1
Puppe, die, -n 14/A1b
putzen 7/A2a

Q

Quadratmeter, (qm), der, - 3/E1a
Quartal, das, -e 8/B1

R

Rad fahren, gefahren 13/AT3
Radfahrer/in, der/die, -/-nen 13/C6
Radiergummi, der, -s 2/B1a
Radio, das, -s 10/A5
Radiowecker, der, - 5/A6
Radtour, die, -en 4/B2a
Rathaus, das, "-er 9/B4b
rauchen 9/C4
Rechnung, die, -en 7/A4
rechts 3/D1
reden 10/A3
Regal, das, -e 3/AT1a
Regel, die, -n 8/E1
Regen, der, Sg. 13/A1
regnen 13/A1
Reihenhaus, das, "-er 3/E1a
Reinigungskraft, die "-e 7/AT1b
rein|kommen, reingekommen 14/A1b
Reis, der, Sg. 6/AT
Reise, die, -n 13/AT
Reiseangebot, das, -e 10/A1a
reisen 7/A5
Reservierung, die, -en 13/C1b
Restaurant, das, -s 13/C5a
Rezept, das, -e 8/A3a
richtig 2/A1b
Richtung, die, -en 9/B1a
riechen, gerochen 14/B3a
Ring, der, -e 11/C2
Rock, der, "-e 12/AT1
Rolltreppe, die, -n 12/B3a
rosa 3/C1
rot 3/C1
Rücken, der, - 8/A2a
Rückenschmerzen, Pl. 8/A4
Rückfrage, die, -n 8/E1
ruhen 8/A4
ruhig 3/E1a
rund 7/C
Russisch 4/C3

S

Saft, der, "-e 6/A7
sagen 2/A4
Sahne, die, Sg. 6/AT
Salat, der -e 6/AT
Salz, das, Sg. 14/A1c
Samowar, der, -e 3/A2a
Samstag, der, -e 5/B
Samstagabend, der, -e 5/D3
Sandkasten, der, "- 14/C1
S-Bahn, die, -en 9/AT1
schauen 12/B3a
Schaukel, die, -n 14/C1
scheinen, geschienen 13/A1
schick 12/AT3
schicken 2/D2a
Schiff, das, -e 4/B3a
Schild, das, -er 8/AT1a
Schinken, der, Sg. 6/B4
schlafen, geschlafen 4/C1a
Schlafzimmer, das, - 3/AT1c
schlecht 3/C3
schließen, geschlossen 7/A1a
Schlüssel, der, - 4/C2
schmecken 14/A4a
Schmerz, der, -en 8/E2
Schmerztablette, die, -n 8/A4
schmutzig 14/B3a
Schnee, der, Sg. 13/A1
schneien 13/A1
schnell 8/E1
Schnupfen, der, Sg. 8/A3a
Schokolade, die, -n 4/C1a
schon 1/A1a
schön 3/AT2

Schrank, der, "-e 3/AT1a
schreiben, geschrieben 1/C3
Schreibtisch, der, -e 3/B2
Schuh, der, -e 8/D2
Schulbuch, das, "-er 12/B1b
Schule, die, -n 5/D1b
schwarz 3/C1
Schwedisch 2/A2a
schwer 8/A4
Schwester, die, -n 4/AT
Schwimmbad, das, "-er 9/A3
schwimmen, geschwommen 7/A6
schwimmen gehen, schwimmen gegangen 5/AT1a
Secondhandladen, der, "- 12/A3a
See, der, -n 13/C5a
Segelboot, das, -e 13/D1a
Segeltour, die, -en 13/D1a
sehen, gesehen 4/C1a
Sehenswürdigkeit, die, -en 4/B1
sehr 3/C3
Sehr geehrte Frau ..., /Sehr geehrter Herr ..., 8/C2
sein, gewesen 1/AT
seit 10/C3a
Seite, die, -n Station1/3a
Seitenzahl, die, -en 13/B3
Sekretärin, die, -nen 1/E1
selten 6/AT2a
September, der, Sg. 13/A5a
servieren 13/D1a
Sessel, der, - 3/AT1a
Sie 1/AT
sie 2/A2a
Situation, die, -en 8/E1
sitzen, gesessen 14/C1
so 7/A1a
Socke, die, -n 12/AT1
Sofa, das, -s 3/AT1a
sofort 8/C1
Sohn, der, "-e 2/D2a
sollen 8/A3c
Sommer, der, Sg. 13/A5a
Sonne, die, Sg. 3/E2
Sonntag, der, -e 4/C
Sonntagnachmittag, der, -e 5/D3
sonst 6/klar1a
Spaghetti, Pl. 6/A6
Spanisch 2/A1b
Spanischkurs, der, -e 7/B4
Spaß, der, Sg. Station2/3
spät 5/A
später 1/A4
spazieren gehen, spazieren gegangen 9/B4a
Spezialität, die, -en 6/B5
Spiel, das, -e 4/A4
spielen Station1/1
Spielplatz, der, "-e 9/B3b
Sport, der, Sg. 10/A5
Sportschuh, der, -e 12/B1b
Sportwaren, Pl. 12/B1a
Sprache, die, -n 2/A
Sprachschule, die, -n 2/A2a
sprechen, gesprochen 2/A1b
Sprechzeiten, Pl. 8/AT1b
Sprechzimmer, das, - 8/A3a
Spüle, die, -n 3/AT1a
Spülmaschine, die, -n 3/B1a
Staatsangehörigkeit, die, -en 11/A1a
Stadt, die, "-e 1/klar3
Stadtbummel, der, Sg. 4/B3c
Stadtreinigung, die, Sg. 14/B4a
Stadtverwaltung, die, -en 11/B2b
Standesamt, das, "-er 11/AT
Station, die, -en 9/B1a
statt|finden, stattgefunden 5/B2
stehen, gestanden 9/B3a
stellen, gestellt (hier: einen Antrag stellen) 11/A
Stellenanzeige, die, -n 6/A4
Stock, der, Stockwerke 3/D1
stolz 13/D1a
stören 14/A1b
Strand, der, "-e 13/AT1
Straße, die, -n 2/D1
Straßenbahn, die, -en 9/AT1
Straßenfest, das, -e 4/B2a
Strecke, die, -n 13/C5a
streiten, gestritten 14/C3a
Stück, das, (hier: Sg.) 6/A6
Student/in, der/die, -en/-nen 1/E3
studieren 7/A4
Stuhl, der, "-e 2/B1a
Stunde, die, -n 5/klar3
suchen 1/E4
Süden, der, Sg. 13/A2
super 3/C3
Supermarkt, der, "-e 4/B2a
Suppe, die, -n 8/C3
surfen 5/AT1a
Süßigkeiten, Pl. 6/klar8
Sweatshirt, das, -s 12/AT1

T

Tag, der, -e 4/B1
Tagesmutter, die, "-14/C5a
täglich 6/AT2a
Tante, die, -n 4/AT2
tanzen 5/AT1a
Tanzkurs, der, -e 5/C3

Tanzparty, die, -s 5/A7
Tasche, die, -n 2/B1a
Tasse, die, -n 14/A1b
Taxifahrer/in, der/die, -/-nen 1/E1
Team, das, -s 7/A5
Tee, der, Sg. 6/AT
Teilnehmer/in, der/die, -/-nen 7/A1a
Telefon, das, -e 1/E4
Telefonbuch, das, "-er 8/B2
telefonieren 7/A5
Telefonnummer, die, -n 2/D1
Tennis, das, Sg. 7/A2a
Teppich, der, -e 3/AT1a
Termin, der, -e Station1/3b
Terrasse, die, -n 3/E1a
teuer 12/AT3
Thailändisch 2/A2a
Theater, das, - 13/D1a
Thema, das, Themen Station 4/2
Tipp, der, -s 11/B2b
Tisch, der, -e 2/B1a
Tischler/in, der/die, -/-nen 1/E3
Toast, der, -s 6/D2
Tochter, die, "- 4/A1a
Toilette, die, -n 12/B3a
toll 3/C3
Tomate, die, -n 6/AT
Tomatensauce, die, -n 6/D2
Tonne, die, -n 14/B2
tragen, getragen 14/B4a
Traktor, der, -s/Traktoren 9/C2a
träumen 10/A1a
treffen, getroffen 4/C1a
Treppe, die, -n 14/AT1
Treppenhaus, das, "-er 14/AT1
trinken, getrunken 6/AT2b
Tschüss 1/A3a
T-Shirt, das, -s 12/AT1
Tunnel, der, - 13/C5a
Tür, die, -en 14/AT1
Türkisch 2/A1b
Tüte, die, -n 6/A6

U

U-bahn, die, -en 9/AT1
üben 9/C5
über 9/B3a
überhaupt 12/AT3
überweisen, überwiesen 7/klar4
Überweisung, die, -en 7/A1a
Überweisungsformular, das, -e 7/C2c
Übung, die, -en Station1/3a
Uhr, die, -en 2/B3b
Uhrzeit, die, -en 5/A5a
um (1): um acht Uhr 5/A4
um (2): um die Ecke 9/C4
Umkleidekabine, die, -n 12/B3a
um|steigen, umgestiegen 9/B1a
um|ziehen, umgezogen 11/A5
und 1/AT
undeutlich 13/B2
Unfall, der, "-e 8/E1
ungefähr 8/klar1
unten 3/D1
unter 9/B3a
Unterricht, der, Sg. 8/C2
unterschreiben, unterschrieben 7/A1a
Unterschrift, die, -en 14/B3b
untersuchen 8/D1a
Unterwäsche, die, Sg. 12/AT1
unterwegs 10/B
unzufrieden 13/klar3a
Urlaub, der, -e 7/A6

V

vergessen, vergessen 6/A2
verheiratet 10/AT1
verkaufen 7/A1a
Verkäufer/in, der/die, -/-nen 1/E1
Verkehr, der, Sg. 9/C3
Verkehrsmittel, das, - 9/AT2
verletzt 8/E1
Vermieter/in, der/die, -/-nen 11/A1a
Verpackung, die, -en 6/A6
Versichertenkarte, die, -n 8/B1
Verspätung, die, -en 13/C4
verstehen, verstanden 6/klar2
Verwandte, der/die, -n (viele Verwandte) 4/AT
Verzeihung 11/D1a
viel 3/E1a
viele 3/E1a
Vielen Dank 2/D2a
vielleicht 2/A1b
Viertel, das, (hier: Sg.) 5/A1
Visitenkarte, die, -n 2/D1
Vitamin, das, -e 8/A3a
Vogel, der, "- 9/klar6
voll 14/B3a
von (1): die Kindheit von Frau Müller 4/D1a
von (2): sie kommt von der Arbeit 7/B1a
von ... bis 5/A7
von Beruf 1/E
vor (1): Viertel vor sieben 5/A1
vor (2): vor dem Haus 9/B3a
vor allen Dingen 14/A3
vorbei|kommen, vorbeigekommen 8/klar1
Vorfahrt, die, Sg. 9/C2a

Vorfahrtsschild, das, -er 9/C2a
vor|lesen, vorgelesen 8/C3
Vormittag, der, -e 5/C1b
Vorname, der, -n 8/E1
Vorteil, der, -e 12/B6
Vorwahl, die, -en 2/D1

W

Wald, der, "-er 13/AT1
Wanderer, der, - 13/C6
wandern 5/AT1a
Wanderweg, der, -e 13/C5a
wann 4/B1
Ware, die, -n 7/A1a
warm 3/E4a
Warmmiete, die, -n 3/E1a
warten 8/E1
Wartenummer, die, -n 11/D1b
Warteraum, der, "-e 11/D2
was 1/B
Waschbecken, das, - 3/A2b
Waschmaschine, die, -n 3/B2
Wasser, das, Sg. 6/AT
wechseln 7/A1a
Weg, der, -e 9/AT
weg|fahren, weggefahren 5/B3a
weh|tun, wehgetan 8/A3a
weiblich 11/A1a
Wein, der, -e 6/AT
weinen 8/klar1
weiß 3/C1
Weißbrot, das, -e 6/B4
weit 9/B1a
weiter|fahren, weitergefahren 9/C4
welcher, welches, welche 12/A4b
wem 11/B5
wenig 8/A4
wer 1/A2a
Westen, der, Sg. 13/A2
Wetter, das, Sg. 10/klar1
wichtig 11/AT2
wie 1/AT
Wie bitte? 1/C3
wie viel 1/D4
wie viele 2/B4
wieder 8/D1a
wiederholen Station1/2
Wiederholung, die, -en Station2
wieder|kommen, wiedergekommen Station1/3a
Wiese, die, -n 13/AT1
willkommen 1/AT
Wind, der, -e 13/A1
windig 13/A1
Winter, der, Sg. 13/A5a
Wintermantel, der, "- 12/B1b
wir 1/B1
wirklich 14/A4a
wissen, gewusst 7/A1a
wo 1/B2a
Woche, die, -n 5/AT
Wochenende, das, -n 4/B1
woher 1/AT2a
wohin 4/B1
wohnen 1/A1a
Wohngeld, das, Sg. 11/B2a
Wohngeldantrag, der, "-e 11/B
Wohnort, der, -e 3/E1b
Wohnung, die, -en 3/AT
Wohnungsamt, das, "-er 11/klar4b
Wohnungsanzeige, die, -n 13/B3
Wohnzimmer, das, - 3/AT1c
Wolke, die, -n 13/A1
wollen 7/A1a
Wörterbuch, das, "-er 3/AT1b
wunderbar 14/A5
Wunsch, der, "-e 6/B1c
wünschen 6/B4
Würfelspiel, das, -e 2/A4
Wurst, die, "-e 6/AT

Z

Zahnarzt/Zahnärztin, der/die, "-e/-nen 8/AT
Zahnschmerzen, Pl. 8/AT1c
Zeit, die, -en 4/B1
Zeitung, die, -en 5/B1a
Zentralheizung, die, -en 3/E3
Zimmer, das, - 3/AT1c
Zoo, der, -s 9/B1b
zu (1): Informationen zu Ihrer Stadt 4/B4
zu (2): Sie fährt zum Supermarkt. 7/B1a
zu Fuß 9/AT2
zu Hause 7/A5
Zucker, der, Sg. 6/A1
zuerst 4/B2b
zufrieden 14/C1
Zug, der, "-e 5/A6
zurück 6/B1c
zurück|fahren, zurückgefahren 10/B2
zurück|kommen, zurückgekommen 10/klar1
zusammen 5/C3
Zwiebel, die, -n 6/AT
zwischen 9/B3a

Bildkarten

1 Im Kursraum. Ordnen Sie zu.

- ◯ der Kugelschreiber
- ◯ der Bleistift
- ◯ der Radiergummi
- ◯ der Stuhl
- ◯ die Tafel
- ◯ die Tasche
- ◯ das Heft
- ◯ das Lineal
- ◯ die Lampe
- ◯ das Buch
- 5 das Wörterbuch
- ◯ der Tisch

2 Zimmer und Möbel. Ordnen Sie zu.

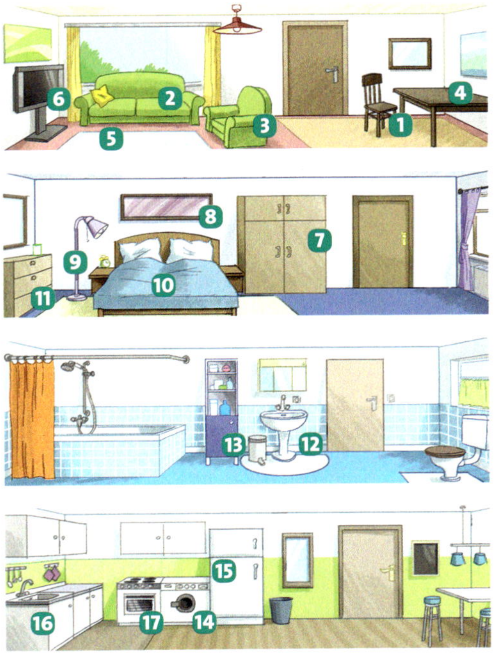

das Wohnzimmer

- 1 der Stuhl
- ◯ der Tisch
- ◯ der Sessel
- ◯ der Fernseher
- ◯ der Teppich
- ◯ das Sofa

das Bad

- ◯ das Regal
- ◯ das Wasch-becken

das Schlafzimmer

- ◯ das Bett
- ◯ der Schrank
- ◯ die Lampe
- ◯ die Kommode
- ◯ das Bild

die Küche

- ◯ die Spüle
- ◯ der Kühl-schrank
- ◯ der Herd
- ◯ die Wasch-maschine

3 Aktivitäten. Ordnen Sie zu.

- (13) aufstehen
- ◯ einkaufen
- ◯ fernsehen
- ◯ die Kinder abholen
- ◯ die Wohnung aufräumen

- ◯ joggen
- ◯ im Internet surfen
- ◯ schwimmen gehen
- ◯ Musik hören
- ◯ tanzen

- ◯ frühstücken
- ◯ Freunde treffen
- ◯ schlafen
- ◯ kochen
- ◯ ausgehen

- ◯ ein Buch lesen
- ◯ Fußball spielen
- ◯ wandern
- ◯ einen Film sehen
- ◯ Hausaufgaben machen

4 Essen und Trinken. Ordnen Sie zu.

das Obst

das Gemüse

die Lebensmittel

die Getränke

das Obst

- ◯ der Apfel
- ◯ die Bananen
- ◯ die Orangen
- ◯ die Birne

das Gemüse

- ◯ die Tomate
- ◯ die Karotten
- ◯ die Zwiebel
- ◯ der Salat
- ◯ die Kartoffeln

die Lebensmittel

- ◯ die Pommes Frites
- ◯ das Brot
- ◯ das Brötchen
- ◯ der Kuchen
- ◯ die Butter
- ◯ die Milch
- ◯ der Joghurt
- ◯ der Käse
- ◯ die Eier
- ◯ die Nudeln
- ◯ der Reis
- ◯ die Schokolade
- ◯ der Zucker
- ◯ das Fleisch
- ◯ die Wurst
- ◯ der Fisch

die Getränke

- ◯ der Kaffee
- ◯ der Tee
- ◯ das Wasser
- ◯ der Saft
- ◯ der Wein
- ◯ das Bier

5 Berufe. Ordnen Sie zu.

1

2

3

4

5

6

7

8

9

10

11

12

13

14

- (4) der Maler
- ( ) die Bäckerin
- ( ) die Briefträgerin
- ( ) der Koch
- ( ) der Kellner
- ( ) die Bauarbeiterin
- ( ) der Lehrer
- ( ) die Ärztin
- ( ) der Taxifahrer
- ( ) die Friseurin
- ( ) der Tischler
- ( ) die Verkäuferin
- ( ) der Programmierer
- ( ) die Sekretärin

6 Körperteile. Ordnen Sie zu.

- das Auge
- der Arm
- der Bauch
- das Bein
- der Fuß
- der Hals
- die Hand
- der Kopf
- die Nase
- das Ohr
- der Rücken
- der Mund
- der Zahn

7 Verkehrsmittel. Ordnen Sie zu.

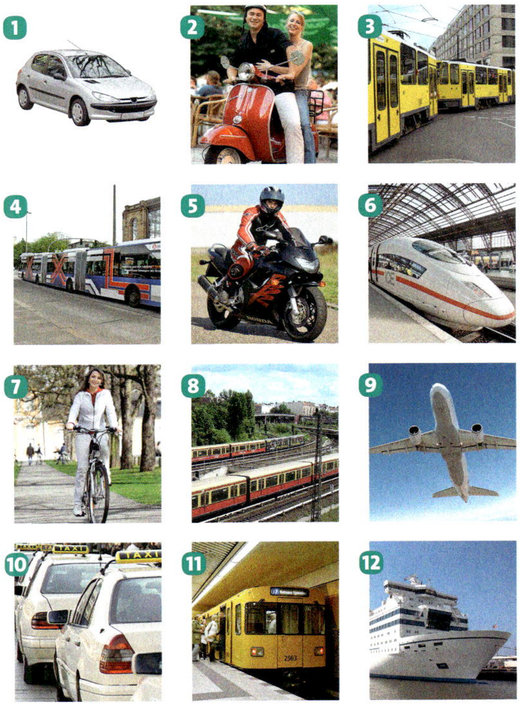

- der Bus
- das Taxi
- die U-Bahn
- die Straßenbahn
- der Zug
- das Flugzeug
- das Schiff
- der Motorroller
- das Motorrad
- die S-Bahn
- das Auto
- das Fahrrad

8 In der Stadt. Ordnen Sie zu.

- ◯ der Bahnhof
- ◯ das Rathaus
- ◯ die Bibliothek
- ◯ der Zoo
- ◯ der Markt
- ◯ die Post
- ◯ die Bank
- ◯ der Supermarkt
- ◯ das Kino
- ◯ die Polizei
- ◯ die Ampel
- ◯ der Kindergarten
- ◯ der Spielplatz
- ◯ der Park
- ◯ das Restaurant
- ◯ der Parkplatz
- ◯ die Schule
- ◯ das Krankenhaus
- ◯ die Apotheke
- ◯ das Schwimmbad
- ◯ der Flughafen
- ◯ die Haltestelle

9 Kleidungsstücke. Ordnen Sie zu.

- der Anzug
- das Hemd
- die Hose
- das Kleid
- der Mantel
- der Pullover
- der Rock
- die Schuhe
- die Jeans
- das T-Shirt
- die Jacke
- die Socken

10 Mein Haus. Ordnen Sie zu.

- das Erdgeschoss
- die Klingel
- der 1. Stock
- der 2. Stock
- das Dachgeschoss
- das Fenster
- der Balkon
- der Garten
- die Tür
- der Hof
- die Mülltonne
- der Aufzug
- das Treppenhaus

11 Auf Reisen. Ordnen Sie zu.

- ◯ der Bahnhof
- ◯ der Schalter
- ◯ das Gepäck
- ◯ der Fahrkarten-automat
- ◯ der Koffer
- ◯ das Gleis
- ◯ der Fahrplan
- ◯ der Zug
- ◯ das Meer
- ◯ der Bahnsteig
- ◯ die Wiese
- ◯ der Strand
- ◯ der Wald
- ◯ der See
- ◯ der Berg
- ◯ die Wolke

12 Gegenteile. Ordnen Sie zu.

1

2

3

4

5

6

7

8

9

10
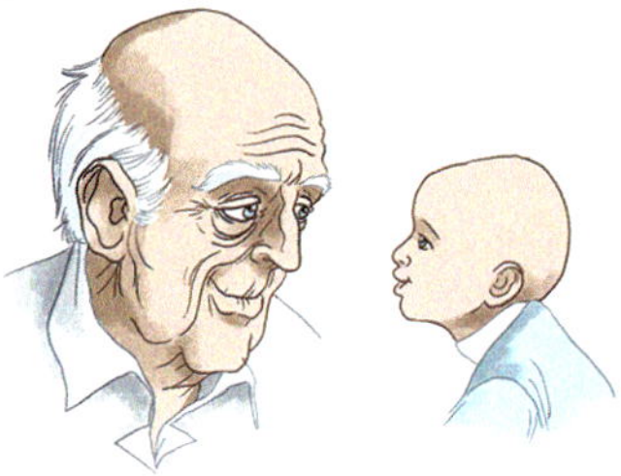

11

12

- ◯ groß ≠ klein
- ◯ billig ≠ teuer
- ◯ schnell ≠ langsam
- ◯ schön ≠ hässlich
- ◯ richtig ≠ falsch
- ◯ gut ≠ schlecht
- ◯ langweilig ≠ interessant
- ◯ viel ≠ wenig
- ◯ laut ≠ leise
- ◯ hell ≠ dunkel
- ◯ früh ≠ spät
- ◯ jung ≠ alt

Bildquellen

Cover © Cornelsen Verlag, Miethe – **U2** © Cornelsen Verlag, Binder – **S. 9** © Cornelsen Verlag, Wilhelmi – **S. 10** © Cornelsen Verlag, Wilhelmi – **S. 11** A: © Digitalstock, von Stetten (RF); B: © Fotolia, Stepanov (RF); D: © Cornelsen Verlag, Wilhelmi – **S. 12** © Cornelsen Verlag, Wilhelmi – **S. 14** © Cornelsen Verlag, Wilhelmi – **S. 15** oben 2. von links: © Fotolia, Dron (RF); oben 3. von rechts: © Fotolia, vasco (RF); oben links: © ComStock (RF); oben 2. von rechts: © Corbis, image 100 (RF); oben 3. von links: © Fotolia, Milert (RF); oben rechts: © Fotolia, Wear (RF); unten links: © Corbis / Comstock Select (RF); unten rechts: © Adpic, Neudert (RF) – **S. 19** 1: © Berlin Partner / FTB-Werbefotografie; 2: Wikipedia, GNU, © Mariordo; 3: © Fotolia, Lirola (RF); 4: © Adpic, Mautsch (RF); 5: © Pixelio, Miroslaw; 6: © Fotolia, Mach (RF) – **S. 20** 1 und 2: © Cornelsen Verlag, Corel-Library; 5: © Cornelsen Verlag, Homberg; 3: © Fotolia / Pantherimage (RF); 4: © Fotolia, Edgie3000 (RF) – **S. 21** © Fotolia / Pantherimage (RF) – **S. 22** © Cornelsen Verlag, Wilhelmi – **S. 25** © Digitalstock, Pobitzer (RF) – **S. 26** © Fotolia, Ebel (RF) – **S. 29** links: © iStockphoto, Pamphilon (RF); Mitte: © Fotolia, jazavac (RF); rechts: © Adpic, Baumann (RF) – **S. 30** oben links und rechts: © Cornelsen Verlag, Wilhelmi; oben Mitte: © Fotolia, Käsler (RF); 1: © Fotolia, llandrea (RF); 2: © Fotolia, tollotim (RF); 3: © Fotolia, Menzl (RF); 4: © Fotolia, Sigh (RF) – **S. 31** oben: © Cornelsen Verlag, Wilhelmi; unten links: © Philips; unten 2. von links: © Fotolia, Rybakov (RF); unten 3. von links: © Miele; unten 3. von rechts: © Fotolia, Perialis (RF); unten 2. von rechts: © Fotolia, Müller (RF); unten rechts: © Fotolia, drizzd (RF) – **S. 33** © Cornelsen Verlag, Wilhelmi – **S. 34** 1: © Fotolia, Kröger (RF); 2: © Fotolia, Business (RF) – **S. 35** oben links: © Fotolia, hans12 (RF); unten links: © Fotolia, thunder (RF); rechts: © Adpic, Ott (RF) – **S. 36** © Cornelsen Verlag – **S. 37** 1: © Fotolia, Perialis (RF); 2: © Fotolia, Rybakow (RF); 3: © Fotolia, Sigh (RF); 4: © Fotolia, Ilandra (RF) – **S. 39** © Cornelsen Verlag, Wilhelmi – **S. 40** © Cornelsen Verlag, Wilhelmi; Mitte rechts: © Shotshop, danstar (RF) – **S. 42** oben, A, B und D: © Cornelsen Verlag, Wilhelmi; C: © Adpic, Lange (RF); E: © Fotolia, Xenia1972 (RF) – **S. 43** oben links kleines Bild oben: © Pixelio, Christian; oben links großes Bild: © Land Berlin / Thie; oben links kleines Bild unten: © Berlin Images 2002; oben Mitte kleines Bild oben und unten: © Pixelio, Sterzl; oben Mitte großes Bild: Wikimedia Commons, GNU, © Manske; oben rechts großes Bild: © Pixelio, Mariocopa; oben rechts kleines Bild oben: Wikimedia Commons, gemeinfrei, © Gryffindor; oben rechts kleines Bild unten: Wikimedia Commons, GNU, © Rufus46; unten: © Cornelsen Verlag, Wilhelmi – **S. 44** © Cornelsen Verlag, Wilhelmi – **S. 46** 2. von rechts: © Fotolia, Schon (RF); links: © Fotolia, Arcurs (RF); rechts: © Digitalstock, Wächter (RF); 2. von links: © Digitalstock, Blank (RF) – **S. 51** 1: © Digitalstock, Schmied (RF); 2: © Pixelio, duwitt; 3: © Pixelio, Hofschlaeger; 4: © Pixelio, Sturm; 5: © Fotolia, Chef (RF); 6: © Fotolia, Thoermer (RF); 7: © Fotolia, Carmeta (RF); 8: © Fotolia, rolphoto (RF); 9: © Cornelsen Verlag, K. Funk – **S. 53** © Cornelsen Verlag – **S. 57** © Cornelsen Verlag, Wilhelmi – **S. 61** © Cornelsen Verlag, Schmidt – **S. 62** links und Mitte: © Cornelsen Verlag, Wilhelmi; oben rechts: © Pixelio, Hainz;

2. von oben rechts: © Südzucker; Mitte rechts: © Fotolia, Razvan (RF); 2. von unten rechts: © Fotolia, c (RF); unten rechts: © Pixelio, manwalk – **S. 63** 1: ©Fotolia, Victoria (RF); 2: © Fotolia, Razvan (RF); 3: © Fotolia, Nyshko (RF); 4: © Fotolia, Fuhr (RF); 5: © Fotolia (RF); 6: © Fotolia, Heinemann (RF); 7: © Fotolia, Luminis (RF); 8: © Fotolia, foto.fred (RF); 9: © Fotolia, ExQuisine (RF) – **S. 64** links: © Fotolia, DX (RF); 2. von links: © Digitalstock, Tippner (RF); Mitte: © Pixelio, HeiFisch; 2. von rechts: © Adpic, Wodicka (RF); rechts: © Pixelio, R.B. – **S. 65** oben: © Adpic, Wodicka (RF); Mitte: © Pixelio, R. B.; unten: © Fotolia, DX (RF) – **S. 67** 1 und 6: © Pixelio, siepmannH; 3: © Pixelio, Meister; 5: © Pixelio, Catfriend-Moko; 2: © Fotolia, Tschannett (RF); 4: © Pixelio, BrandtMarke – **S. 69** 1: © Fotolia, angelo.gi (RF); 3: © Fotolia, Marscha (RF); 7: © Pixelio, Oberguggenberger; 5: © Fotolia, Porzani (RF); 9: © Fotolia, Tootles (RF); 2: © Fotolia, Schon (RF); 4: © Fotolia, foto.fred (RF); 6: © Fotolia, Kurilin (RF); 8: © Fotolia, Menzl (RF); 10: © Pixelio, manwalk – **S. 72** 1 und 3: © Cornelsen Verlag, Wilhelmi; 2: © Fotolia, Pogson (RF) – **S. 77** links: © Fotolia, Maria.P. (RF); 2. von links: © Fotolia, SyB (RF) – **S. 83** A: © Fotolia, Arcurs (RF); B: © Fotolia, ISO K°-photography (RF); D: © iStockphoto, Smith (RF) – **S. 84** oben: © Fotolia, ewolff (RF); Mitte: © Fotolia, van den Berg (RF); unten: © Fotolia, johann35 (RF) – **S. 85** oben: © Fotolia, ISO K°-photography (RF); unten: © Fotolia, Mikitenko (RF) – **S. 86** A – E: © Cornelsen Verlag – **S. 87** © Cornelsen Verlag, Wilhelmi – **S. 89** links: © Fotolia, Baloncici (RF); rechts: © Fotolia, dimis (RF) – **S. 93** 1: © Adpic, Kater (RF); 2: © Fotolia, philipus (RF) – **S. 94** A: © iStockphoto, Neustockimages (RF); B: © Fotolia, Eppele (RF); C: © Pixelio, marctwo; D: © Digitalstock, Banneke-Wilking (RF); E: © Fotolia, Jargstorff (RF) – **S. 95** © Cornelsen Verlag, Wilhelmi – **S. 97** © Cornelsen Verlag, Wilhelmi – **S. 98** oben: Wikipedia, gemeinfrei; Mitte + unten: © Fahrschule.de – **S. 99** 1 – 7: © Cornelsen Verlag; 8: © Pixelio, Schoenemann; 9: © Fotolia, Mazur (RF); 10: © Fotolia, moonrun (RF) – **S. 101** links, 2. von links, Mitte: © Cornelsen Verlag; 2. von rechts: © Fotolia, Mazur (RF); rechts: © Pixelio, Schoenemann – **S. 103** 1: © Digitalstock, vorndran (RF); 2: © Digitalstock, Graf (RF); 3: © Fotolia, Pupo (RF); 4: Wikimedia Commons, CC Attr. Sha 2.5, © Summer; 5: © Fotolia, EastWest Imaging (RF); 6: © Fotolia, Fotolial (RF) – **S. 105** © Fotolia, Rados&322; aw Brzozowski (RF) – **S. 106** oben: © Adpic, Lange (RF); unten: © Deutsche Telekom – **S. 109** oben: © iStockphoto, Schmidt (RF); unten: © Cornelsen Verlag, Wilhelmi – **S. 113** A: Wikimedia Commons, GNU; D: Digitalstock, Figge (RF); 2. von unten links: © Fotolia, Feketa (RF); unten rechts: © Cornelsen Verlag, Mackensen – **S. 114** © Fotolia, Gelpi (RF) – **S. 115** links, 2. von rechts, rechts: © Cornelsen Verlag; 2. von links: © Fotolia, Bogdanski (RF) – **S. 116** 1: © stadtentwicklung.berlin.de; 3: © Digitalstock, Imago (RF); unten: © Cornelsen Verlag, Wilhelmi – **S. 118** oben: Wikipedia, CC Attr. Sha 2.0, © Horvat – **S. 124** oben rechts: © Fotolia, tom (RF); 3: © Cornelsen Verlag; 5: © Fotolia, moonrun (RF) – **S. 126** © Cornelsen Verlag, Wilhelmi – **S. 127** B: © Fotolia, Losevsky (RF); E: © Fotolia, Aumann (RF); F: © Fotolia, Saniphoto (RF); unten links: © Fotolia, SyB (RF); 2. von links unten: © Fotolia, Nazarenko (RF); unten rechts + 2. von rechts unten: © Fotolia, Sumnersgraphicsinc (RF) – **S. 132** 1: © Fotolia, sepas (RF); 2: © Fotolia, Nyshko (RF); 3: © Fotolia, dim@dim (RF); 4: © Fotolia, stockmaker (RF); 5: © Fotolia, Eppele (RF) – **S. 135** 1: © Fotolia, Sunnydays (RF); 2: © Fotolia, Shelego (RF); 3: © Fotolia, Cordier (RF); 4:

© Fotolia, Durst (RF) – **S. 136** © Cornelsen Verlag, Dr. V. Binder – **S. 138** © Cornelsen Verlag, Wilhelmi – **S. 139** © Deutsche Bahn AG, Koch – **S. 140** © Jeschke/Glunk – **S. 141** links: © Fotolia, Hahn (RF); rechts: Wikimedia Commons, CC Attr. Sha 2.5, © Böhringer – **S. 142** 1: © Fotolia, Hirte (RF); 2: © Fotolia, Baer (RF); 3: © Fotolia, Helminger (RF); 4: © Fotolia, Raupach (RF); 5: © Fotolia, Wittbrock (RF); 6: © Fotolia, CB94 (RF) – **S. 145** © Cornelsen Verlag, Wilhelmi – **S. 146** links: © Cornelsen Verlag, Schulz; Rest: © Cornelsen Verlag, Wilhelmi – **S. 147** unten © Cornelsen Verlag, Wilhelmi – **S. 148** oben: © Cornelsen Verlag, Wilhelmi; unten links: © Digitalstock, Wajopi (RF); 2. von links unten: © Fotolia, Berg (RF); 3. von links unten: © Fotolia, Röhrich (RF); 3. von rechts unten: © Fotolia, SyB (RF); 2. von rechts unten: © Digitalstock, m.H.A. (RF); unten rechts: © Fotolia, Thaut Images (RF) – **S. 166** © Fotolia, Arcurs (RF) – **S. 169** © Adpic, Rimkus (RF) – **S. 215** 1: © Fotolia, Mulder (RF); 2: © Fotolia, Kosmal (RF); 3: © iStockphoto, Schulz (RF); 4: © Fotolia, Spectral-Design (RF); 5: © Fotolia, Falco (RF); 6: © Fotolia, Sargeant (RF); 7: © Fotolia, Diaz (RF); 8: © Fotolia, zmajdoo (RF); 9: © Fotolia, Caila (RF); 10: © iStockphoto (RF); 11: © Fotolia, photoGrapHie (RF); 12: © Fotolia, endrille (RF) – **S. 217** oben links (1, 2, 3, 4), oben rechts (1, 2, 3, 4), unten links (1, 3, 9, 11, 15, 16): © Fotolia, dinostock (RF); oben rechts (5): © Fotolia, Schon (RF); unten links (5): © Fotolia, ExQuisine (RF); unten links (2):© Fotolia, foto.fred (RF); unten links (13): © Fotolia, seen (RF); unten links (10): © Fotolia, Nyshko (RF); unten links (6): © Fotolia, Perets (RF); unten links (8): © Fotolia, Kröger (RF); unten links (7): © Fotolia, Nyshko (RF); unten links (4): © Fotolia, Fischer (RF); unten links (14): © Südzucker; unten links (12): © Fotolia, Dragon (RF); unten rechts (2): © Tchibo; unten rechts (4): © Teekanne; unten rechts (3): © Fotolia, Teamarbeit (RF); unten rechts (5): © Fotolia, kmit (RF); unten rechts (1): © Fotolia, Pitkänen (RF); unten rechts (6): © Fotolia, Menzl (RF) – **S. 218** 1: © Adpic, Neudert (RF); 2: © Fotolia, Bumann (RF); 3: © Fotolia, Szasz-Fabian (RF); 4: © Fotolia, Pickens (RF); 5: © Fotolia, Friis-Larsen (RF); 6: © Corbis (RF); 7: © iStockphoto, Shironosov (RF); 9: © Fotolia, ArtmannWitte (RF); 10: © Fotolia, Rodriguez (RF); 11: © Corbis (RF); 12: © Fotolia, Perov (RF); 13: © Fotolia, Dron (RF); 14: © Fotolia, vasco (RF) – **S. 219** oben 1: © Fotolia, Paulussen (RF); oben 8: © Fotolia, philipus (RF); oben 9: © Fotolia, Redel (RF); oben 10: © Fotolia, Duchorer (RF); unten 1: © Fotolia, Fatman73 (RF); unten 3: © Fotolia, fux (RF); unten 4: © Pixelio, Sterzl; unten 5: © Adpic, Kater (RF); unten 6: © Deutsche Bahn AG, Lautenschläger; unten 7: © Fotolia, luchschen (RF); unten 8: © Pixelio, marikakude; unten 9: © Fotolia, Haciosmanoglu (RF); unten 10: © Pixelio, Kirchhoff; unten 11: © Fotolia, philipus (RF); unten 12: © Fotolia, Bouwman (RF) – **S. 221** 1+2+6: © Fotolia, terex (RF); 3: © Fotolia, dinostock (RF); 4+10: © Fotolia, Nazarenko (RF); 5: © Fotolia, Lobanov (RF); 7: © Fotolia, Elnur (RF); 8+9: © Fotolia, Armyagov (RF); 11: © Fotolia, GeoM (RF); 12: © Fotolia, jblah (RF) – **S. 222** oben links: © Deutsche Bahn AG, Koch; oben rechts: © Deutsche Bahn AG, Lautenschläger; Mitte links + rechts: © Deutsche Bahn AG, Bedeschinski; unten links: © Fotolia, Hahn (RF); unten rechts: © Fotolia, Shelego (RF) – **U3** © Cornelsen Verlag, Dr. V. Binder

S. 11 C: © mauritius images / Um – **S. 34** 3: © mauritius images / imagebroker – **S. 45** © ullstein bild – **S. 83** C: © mauritius images, Widmann – **S. 90** © mauritius images, Rudolf P – **S. 93** 3: © picture-alliance/Bildagentur Huber, Gräfenhain; 4: © picture-alliance/dpa-Report, Johansson; 5: © picture-alliance/dpa-Report, Wüstneck; 6: © picture-alliance/ZB / dpa-Report, Stache; 7: © picture-alliance/ZB/dpa-Report, Link; 8: © picture-alliance/dpa-Report, Johansson – **S. 99** unten: © picture-alliance/ZB/dpa-Report, Bachmann – **S. 113** B: © mauritius images, Filser; C: © ullstein bild/CARO, Korth; unten links: © mauritius images/STOCK4B; 2. von rechts unten: © mauritius images, Ha – **S. 116** 2: © picture-alliance/SVEN SIMON, Hoermann – **S. 127** A: © ullstein bild, joko – **S. 147** oben © ullstein bild, Baar – **S. 218** 8: © mauritius images / imagebroker, Kiefer – **S. 219** unten 2: © ullstein bild/CARO, Blume